MOTS
CACHÉS

Plaisir

EXPLICATION

Encerclez, dans la grille, tous les mots inscrits.
Les lettres restantes forment la solution.

COUVERTURE ET CONCEPTION GRAPHIQUE
Jessica Papineau-Lapierre

CORRECTION
Guy Perreault

© 2016, LES ÉDITIONS GOÉLETTE INC.
1350, rue Marie-Victorin
Saint-Bruno-de-Montarville (Québec) CANADA J3V 6B9
Téléphone : 450 653-1337
Télécopieur : 450 653-9924
www.boutiquegoelette.com
www.facebook.com/EditionsGoelette

Dépôts légaux : 1er trimestre 2016
Bibliothèque et Archives nationales du Québec
Bibliothèque et Archives Canada

 Membre de l'Association nationale des éditeurs de livres

Imprimé au Canada

ISBN : 978-2-89690-786-1

MOT DE 7 LETTRES

Petit contenant cubique et léger

A	boguet	**E**	gitan	**M**	**R**	sourcier
actif	bulbe	écoupe	grève	maint	rajah	stance
agile	**C**	enfeu	**H**	malus	récit	**T**
anglo	calva	engin	hirondeau	manif	recto	tapoter
animisme	cantine	**F**	**J**	matriculer	régent	tesla
ardu	capiton	falun	jauger	moire	régné	**V**
astro	chenu	forró	joyeuseté	**N**	rial	vesce
aucun	cloisonné	fougère	**L**	nille	rouble	viscosité
avales	cornichon	freins	labile	**P**	**S**	vroum
B	**D**	**G**		panses	scène	
bengali	dépôts	gadoue		peson	somme	
bêtise	dette	genre		pique	souci	
				prêter		

	1	2	3	4	5	6	7	8	9	10	11	12	13	14	15	16	17	18
1	E	E	J	O	Y	E	U	S	E	T	E	E	E	U	O	D	A	G
2	M	R	N	N	A	C	T	I	F	A	N	T	E	S	L	A	I	R
3	A	A	I	G	I	C	O	R	N	I	C	H	O	N	I	G	N	E
4	N	B	T	O	E	L	C	G	T	S	E	S	N	A	P	T	A	R
5	I	E	U	R	M	R	L	N	A	E	M	M	O	S	J	D	E	G
6	F	N	V	A	I	O	A	E	V	E	R	G	B	A	E	I	I	B
7	O	G	E	E	E	C	F	A	L	U	N	O	U	T	C	T	A	E
8	R	A	S	L	C	D	U	S	A	S	G	G	T	R	A	P	V	P
9	R	L	C	B	P	N	N	L	C	U	E	E	U	N	E	I	A	U
10	O	I	E	U	R	O	A	O	E	R	E	O	I	S	S	T	L	O
11	N	A	N	O	E	T	R	T	R	R	S	M	O	C	N	S	E	C
12	F	U	E	R	T	I	F	T	S	I	I	N	O	E	O	R	S	E
13	L	R	C	D	E	P	O	T	S	S	H	S	G	U	E	F	N	E
14	M	A	E	U	R	A	U	A	M	A	I	E	C	C	H	E	N	U
15	U	A	B	I	A	C	G	E	J	T	R	I	T	R	E	C	I	T
16	O	R	L	I	N	I	E	A	E	C	L	O	I	S	O	N	N	E
17	R	D	U	U	L	S	R	M	A	I	N	T	A	P	O	T	E	R
18	V	U	B	E	S	E	E	E	R	N	E	G	U	E	U	Q	I	P

JEU 8

MOT DE 9 LETTRES

Mendier

A	confondu	**E**	**I**	**N**	**R**	spart
adages	conspirer	épopée	incivil	nable	rangé	stage
admises	cruauté	éteuf	isard	niaise	reliefs	statut
affolé	**D**	**F**	**J**	nover	révocation	stolon
apeurer	défaire	finis	jaque	**O**	riffe	**V**
asepsie	denim	flair	**L**	ouais	rösti	vanté
B	dépoter	forer	liard	**P**	**S**	ville
butés	dilué	forjet	lustrer	papou	saccader	
C	dirigeant	forte	lyrique	pénal	scolie	
céleste	drift	**H**	**M**	perchoir	senne	
charia	dulie	hadal	masaï	pétuner	smurf	
chiffe		huche	médité	pleur	sonde	
choral			mossi		sourcil	

	1	2	3	4	5	6	7	8	9	10	11	12	13	14	15	16	17	18
1	E	F	F	I	R	A	A	B	Q	E	L	L	I	V	I	C	N	I
2	C	O	N	F	O	N	D	U	U	M	C	D	E	P	O	T	E	R
3	E	T	I	D	E	M	M	A	O	T	E	E	F	O	R	J	E	T
4	E	E	P	O	P	E	I	S	G	D	E	D	L	S	E	N	N	E
5	C	F	T	E	U	L	S	N	N	E	I	S	C	E	U	O	L	I
6	H	I	F	N	N	I	E	O	E	L	S	O	C	T	S	I	E	S
7	A	N	I	I	A	A	S	U	U	D	L	O	E	T	A	T	E	P
8	R	I	R	R	H	E	L	E	R	I	N	P	M	R	U	A	E	E
9	I	S	D	U	A	C	G	P	E	S	R	E	D	A	C	C	A	S
10	A	A	C	R	N	N	E	I	P	L	E	J	U	P	E	O	A	A
11	P	H	S	O	A	R	G	I	R	E	U	R	A	S	T	V	E	F
12	E	R	V	A	C	S	R	E	U	I	C	S	I	Q	E	E	L	O
13	U	E	N	H	M	E	I	Q	P	E	D	O	T	A	U	R	B	R
14	R	L	O	A	R	E	I	A	R	S	E	U	S	R	F	E	A	T
15	E	I	L	D	G	R	P	I	I	I	T	R	O	M	E	E	N	E
16	R	E	O	A	Y	O	A	A	L	A	N	C	R	N	U	R	D	D
17	O	F	T	L	U	L	U	U	T	I	A	I	C	H	O	R	A	L
18	F	S	S	E	F	O	D	S	R	N	V	L	E	L	O	F	F	A

MOT DE 8 LETTRES

JEU 9

Chandelier sans pied

A						
amphi	cliquetis	éther	I	O	S	U
amuïr	corneille	extra	itéré	obscurcir	sabir	ultra
assis	croûton	F	K	P	salse	V
avisé	cuber	férié	kéfir	pâmer	savant	venue
B	D	ferme	L	pégase	score	Y
biset	décan	fovéa	loyer	pétarade	sonar	ysopet
bruire	défigurer	fuselage	M	poljé	spath	
brûlé	démasquer	G	mainmise	psaume	T	
C	démêloir	gerbier	motel	R	terme	
canar	E	griot	moujik	régal	tmèse	
caste	éden	H	mulon	relief	trombe	
chacal	énamouré	harpiste		retremper	truble	
	enrouer			ronde		

	1	2	3	4	5	6	7	8	9	10	11	12	13	14	15	16	17	18
1	C	R	B	E	N	A	M	O	U	R	E	O	C	H	A	C	A	L
2	A	A	E	S	U	C	C	U	B	E	R	L	T	E	P	O	S	Y
3	S	N	T	I	L	R	O	E	T	H	E	R	O	C	S	A	D	T
4	T	O	S	T	T	C	E	R	A	E	V	O	F	Y	B	R	E	U
5	E	S	I	E	R	R	E	U	N	G	E	R	B	I	E	R	F	E
6	R	E	P	U	A	O	U	R	Q	E	D	S	R	G	M	R	I	D
7	E	X	R	Q	V	U	N	B	I	S	I	E	A	E	O	E	G	A
8	T	T	A	I	I	T	E	D	L	U	A	L	M	G	T	M	U	R
9	R	R	H	L	S	O	V	G	E	E	R	M	L	E	E	A	R	A
10	E	A	I	C	E	N	R	I	U	M	A	B	E	E	L	P	E	T
11	M	P	E	C	N	O	I	S	S	I	C	S	O	D	M	O	R	E
12	P	S	P	O	R	B	I	S	E	T	E	E	T	A	H	F	I	P
13	E	A	L	O	N	U	I	I	O	M	M	R	I	T	E	M	E	R
14	R	U	C	E	L	S	C	I	T	R	O	N	A	I	O	I	S	B
15	M	M	D	A	S	J	R	S	E	M	M	P	L	U	R	H	L	R
16	D	E	C	A	N	G	E	F	B	I	S	E	J	E	R	P	A	U
17	F	U	S	E	L	A	G	E	S	O	R	I	F	E	K	M	S	L
18	E	N	R	O	U	E	R	E	T	I	K	T	N	A	V	A	S	E

MOT DE 8 LETTRES

Se dit de certaines plantes épiphytes

A	C	G	J	O	S	tibia
agave	colis	geler	jalon	ogival	sabot	trêve
alité	croix	glaise	**L**	**P**	satteau	**V**
altise	**D**	goulag	lamaneur	plier	sebka	vache
ambré	délayé	guanacos	limbe	présentes	serti	volés
angle	devin	**H**	loofa	printemps	suédois	voûte
annal	devis	hargneuse	luger	**R**	survie	
B	**E**	hâtif	**N**	rancunier	sushi	
banal	effectuer	**I**	nadir	remarier	**T**	
bêche	élavé	immodeste	nième	rhésus	tamtam	
betterave	encas	infus			tardif	
blindé	étatiste	insignifiance			tenon	
brome	étuve					

	1	2	3	4	5	6	7	8	9	10	11	12	13	14	15	16	17	18
1	E	E	R	E	M	A	R	I	E	R	S	U	E	D	O	I	S	G
2	V	I	O	V	P	R	E	S	E	N	T	E	S	A	H	A	L	S
3	U	V	G	E	F	F	E	C	T	U	E	R	I	S	L	A	O	B
4	T	R	I	R	I	S	E	R	I	D	A	N	U	I	I	C	A	L
5	E	U	V	T	I	X	J	E	E	M	S	S	T	S	A	N	I	E
6	S	S	A	T	I	A	Y	T	S	I	M	E	E	N	A	M	V	D
7	U	H	L	O	L	A	A	E	G	U	N	O	A	L	B	A	S	N
8	E	A	R	O	L	R	M	N	A	E	S	U	D	E	L	T	A	I
9	N	C	N	E	D	O	I	N	V	U	G	E	C	E	E	M	B	L
10	G	R	D	I	R	F	G	A	F	O	O	L	H	N	S	A	O	B
11	R	E	F	B	I	L	R	N	I	V	E	D	O	R	A	T	T	S
12	A	I	T	A	E	E	I	L	A	M	A	N	E	U	R	R	E	E
13	H	E	N	S	T	B	P	R	I	N	T	E	M	P	S	R	H	G
14	R	C	R	T	I	V	E	N	R	A	S	D	T	C	T	C	S	O
15	E	O	E	B	O	T	O	C	I	E	N	A	E	I	A	O	E	U
16	G	B	L	L	M	L	A	U	H	E	I	N	C	V	B	L	B	L
17	U	A	E	T	T	A	S	T	T	E	M	L	A	N	I	I	K	A
18	L	S	G	A	G	A	V	E	E	E	E	E	P	L	E	S	A	G

MOT DE 5 LETTRES

Cornaline

A	C	G	L	P	ruinée	U
aboulies	cabri	gadjo	lèvre	pèlerine	rusés	unetelle
abrivents	casser	géant	M	perplexe	S	V
agîtes	cirer	génois	maîtrisés	prêté	sculpté	vingt
aides	commandite	gléner	matos	purot	smalt	visser
anxiétés	cuit	gommette	mille	Q	style	vitre
aspre	curés	goûté	monter	quart	T	voyou
avides	D	guéri	N	quidam	tabès	
B	dingo	H	néréis	R	tenture	
bisse	divan	huile	O	reconquérir	tipule	
brigue		I	œillet	rétinien	trière	
brodé		idéal	osmium	rieuse	tutorat	

	1	2	3	4	5	6	7	8	9	10	11	12	13	14	15	16	17	18
1	E	R	P	S	A	T	E	N	E	I	N	I	T	E	R	V	E	L
2	E	A	A	T	E	T	R	T	E	T	I	D	N	A	M	M	O	C
3	R	T	I	V	G	B	I	I	T	C	A	S	S	E	R	T	I	V
4	E	U	P	N	I	Q	A	R	E	E	O	S	M	I	U	M	P	S
5	C	L	I	L	U	D	E	T	E	R	M	N	T	T	E	E	T	T
6	O	V	I	A	U	S	E	X	G	U	E	M	O	Y	L	I	E	N
7	N	M	R	U	S	C	E	S	S	R	G	R	O	E	L	D	L	E
8	Q	T	A	I	H	L	S	R	E	I	A	S	R	G	I	E	L	V
9	U	O	V	T	P	G	I	I	S	T	O	I	E	S	M	A	I	I
10	E	R	A	R	O	E	S	S	I	B	N	N	T	T	E	L	E	R
11	R	U	E	U	U	S	C	I	R	E	R	U	E	S	I	D	O	B
12	I	P	T	S	E	R	U	C	T	S	U	N	R	G	M	G	I	A
13	R	E	E	I	R	B	A	C	I	E	I	E	P	T	N	A	A	A
14	G	U	N	D	I	V	A	N	A	S	N	T	T	I	P	U	L	E
15	A	G	T	U	O	Y	O	V	M	U	E	E	D	G	E	A	N	T
16	D	I	U	R	E	T	N	O	M	R	E	L	M	A	D	I	U	Q
17	J	R	R	S	E	I	L	U	O	B	A	L	B	R	O	D	E	E
18	O	B	E	A	N	X	I	E	T	E	S	E	G	L	E	N	E	R

MOT DE 9 LETTRES

Ordre de plantes dicotylédones

A	C	E	H	M		T
absenté	caïeu	embâcle	hélicoïde	mafia	préavis	taxer
alize	caréner	escapade	I	médian	punir	tenir
ancre	colle	esche	intermède	modéras	R	thane
apert	copte	F	L	momie	racoler	V
armée	corne	farce	lancéole	motif	ramancher	vallonné
B	D	féerie	légué	moyeu	ressortir	ventre
belge	dégât	forfait	léonin	mufti	S	W
blême	déifié	freudien	linon	P	sabre	western
branchie		fuites	louant	palan	salve	
bulle		G	ludique	peine	soutra	
		graduer	luxure	pilaf		
			lycée	pilou		

	1	2	3	4	5	6	7	8	9	10	11	12	13	14	15	16	17	18
1	S	O	U	T	R	A	U	E	E	S	E	D	E	I	F	I	E	R
2	E	V	L	A	S	F	E	E	R	I	E	M	E	G	L	E	B	H
3	T	E	T	N	E	S	B	A	P	B	M	T	B	B	L	E	M	E
4	R	E	H	C	N	A	M	A	R	A	A	O	I	A	R	C	R	L
5	R	N	I	E	Z	I	L	A	N	I	L	S	M	U	C	Y	E	I
6	E	I	N	E	N	N	O	L	L	A	V	A	X	A	F	L	N	C
7	U	N	T	H	D	P	A	T	I	E	I	U	N	A	F	P	E	O
8	D	O	E	C	E	U	N	A	T	N	L	D	L	C	R	I	R	I
9	A	E	R	S	G	N	C	X	E	I	O	I	E	E	E	A	A	D
10	R	L	M	E	A	I	R	E	N	E	P	N	A	M	C	O	C	E
11	G	V	E	N	T	R	E	R	I	P	R	V	A	O	C	B	L	A
12	L	U	D	I	Q	U	E	L	R	O	I	P	L	E	R	I	E	E
13	N	R	E	T	S	E	W	D	C	S	E	E	E	A	T	N	L	E
14	B	U	L	L	E	G	U	E	O	R	R	M	N	F	A	L	C	C
15	E	D	A	P	A	C	S	E	T	M	R	C	U	H	O	R	O	A
16	R	E	S	S	O	R	T	I	R	A	H	M	T	C	A	E	P	I
17	F	R	E	U	D	I	E	N	S	I	F	O	R	F	A	I	T	E
18	T	N	A	U	O	L	I	P	E	F	I	T	O	M	O	Y	E	U

MOT DE 4 LETTRES

Voiture automobile

A	bluter	D	F	O	R	T
aboyé	buse	dames	flammèche	odeur	raout	terrine
allier	C	dedans	foret	orange	rempiéter	V
aloses	carton	dépuration	frisé	ourson	rénover	vacuité
arbre	cauchemar	E	H	P	rhume	vacuum
asana	chipolata	ébattre	hâter	panka	roser	verni
astre	conique	édam	M	papions	S	viral
auget	cotir	élæis	marc	pédum	safari	
azuré	cuvage	émois	mardi	piano	salir	
B	cuver	endos	marque	piloter	smash	
badigeonné		épitrope			squaw	
bateler		errer			suite	
bisque		exclamer				

	1	2	3	4	5	6	7	8	9	10	11	12	13	14	15	16	17	18
1	E	I	S	T	D	E	E	E	B	A	D	I	G	E	O	N	N	E
2	X	N	E	A	E	A	T	R	Y	P	V	A	C	U	I	T	E	E
3	C	R	H	C	F	R	M	I	R	O	A	L	O	S	E	S	U	R
4	L	E	C	H	B	A	R	E	U	E	B	N	W	A	U	Q	S	E
5	A	V	E	I	E	I	R	I	S	S	R	A	K	C	R	A	C	L
6	M	O	M	P	B	S	S	I	N	E	E	R	E	A	T	N	U	E
7	E	N	M	O	A	L	U	Q	R	E	M	E	M	R	E	A	V	T
8	R	E	A	L	T	T	U	B	U	R	P	T	O	T	G	S	A	A
9	E	R	L	A	T	E	R	T	H	E	I	A	I	O	U	A	G	B
10	E	S	F	T	R	A	R	U	E	E	E	H	S	N	A	D	E	D
11	E	G	I	A	E	A	M	O	P	R	T	P	I	L	O	T	E	R
12	V	L	N	R	U	E	D	O	F	H	E	C	O	N	I	Q	U	E
13	O	A	A	A	F	E	R	T	S	A	R	R	E	I	L	L	A	M
14	U	R	C	E	R	T	X	A	S	N	O	I	P	A	P	S	A	R
15	R	I	I	U	I	O	M	R	A	O	U	T	I	E	O	R	E	E
16	S	V	Z	P	U	S	R	I	L	A	S	O	A	D	D	V	D	S
17	O	A	E	R	A	M	E	H	C	U	A	C	N	I	U	U	A	O
18	N	D	E	P	U	R	A	T	I	O	N	E	O	C	R	A	M	R

MOT DE 4 LETTRES

Type de femme fatale

A	C	E	G	M	R	T
abaca	câbler	éléis	gadin	mérou	renier	tatar
abées	cacheté	envie	genou	mincir	rester	testeur
aciérer	caraque	épieu	gruon	mnong	réuni	tripot
aneth	carie	eûtes	**H**	**N**	rizière	**U**
assurer	citer	évincé	harpie	naturisme	**S**	usurpé
B	contour	**F**	**I**	nèfle	santiag	**V**
borée	criss	farcir	igamie	**P**	sénologie	venet
brante	**D**	felouque	**L**	pègre	serratule	vespéral
brasiller	décembre	fréquent	lassé	platée		vicieuse
bravo	défaut	fumant	liante	promu		**Z**
	dépannage		logis			zébrer
			luxer			

	1	2	3	4	5	6	7	8	9	10	11	12	13	14	15	16	17	18
1	S	A	N	T	I	A	G	N	C	R	R	C	O	N	T	O	U	R
2	G	E	N	O	U	R	I	A	I	E	E	S	S	I	R	C	A	V
3	M	E	R	O	U	D	B	C	B	I	L	R	A	B	A	C	A	E
4	F	S	V	O	A	L	R	R	V	P	L	E	C	N	I	V	E	S
5	R	U	N	G	E	A	A	N	R	R	I	N	P	E	A	S	E	P
6	E	E	M	R	F	V	E	O	M	A	S	I	R	L	I	G	R	E
7	E	I	T	A	O	R	M	I	S	H	A	E	M	G	A	H	O	R
8	L	C	G	S	N	U	U	S	R	N	R	R	O	N	Z	T	B	A
9	F	I	T	O	E	T	U	E	A	A	B	L	N	E	O	E	E	L
10	E	V	R	E	L	R	S	T	T	P	C	A	B	R	A	N	T	E
11	N	T	I	P	E	O	U	E	N	S	P	R	R	R	T	A	G	E
12	E	A	P	R	R	R	N	N	R	E	E	E	E	E	U	C	C	U
13	L	T	O	U	I	M	S	E	D	R	U	T	P	X	A	A	A	Q
14	E	A	T	S	Z	I	E	V	S	N	A	Q	I	U	F	C	R	U
15	I	R	M	U	I	N	E	L	I	A	N	T	E	L	E	H	A	O
16	S	E	T	U	E	C	B	L	A	S	S	E	U	R	D	E	Q	L
17	C	I	T	E	R	I	A	I	G	A	M	I	E	L	F	T	U	E
18	P	E	G	R	E	R	E	R	B	M	E	C	E	D	E	E	E	F

MOT DE 5 LETTRES

Respectueux

A
ancienne
animée
assai
atlas
B
bison
braies
C
causerie
cérat
chômé
colonat

commander
confisqué
culer
cumul
désert
devon
diète
drapeau
E
encaissé
équipée

équivoque
étiage
F
fable
fiérot
floue
G
glèbe
graisse
H
houle

I
introït
irons
isorel
K
kriss
L
léser
louange

M
marne
mauser
mêlée
mines
moins
myriade
N
néon
O
obole
oisive

ongle
oralement
ormoie
orner
outré
P
planning
rabat
récif
reloger
repassé

résolu
risée
S
souveraineté
surpassé
U
urinal
V
valve
volet

	1	2	3	4	5	6	7	8	9	10	11	12	13	14	15	16	17	18
1	E	G	A	I	T	E	R	P	S	D	C	A	U	S	E	R	I	E
2	T	E	L	O	V	E	L	A	E	R	E	D	N	A	M	M	O	C
3	E	U	R	I	N	A	L	P	N	A	O	U	T	R	E	E	O	C
4	I	L	S	R	N	T	L	S	I	P	I	A	R	I	L	C	N	H
5	D	I	O	N	A	O	C	U	M	E	B	E	S	B	O	G	G	O
6	O	C	I	B	U	R	O	R	M	A	L	O	A	N	K	R	L	M
7	E	N	E	A	O	E	L	P	R	U	R	F	F	R	O	A	E	E
8	G	D	N	R	E	I	O	A	C	E	C	I	I	R	I	I	B	L
9	R	G	A	M	A	F	N	S	L	A	S	S	A	E	E	S	E	E
10	E	R	I	I	E	T	A	S	M	Q	S	L	B	N	I	S	E	E
11	P	N	E	R	R	U	T	E	U	A	E	S	R	C	N	E	E	E
12	A	E	N	C	E	Y	Q	E	N	M	R	M	A	A	T	H	I	L
13	S	O	E	E	I	G	M	O	E	O	O	N	I	I	R	O	O	R
14	S	N	O	R	I	F	O	N	V	I	V	V	E	S	O	U	M	E
15	E	U	O	L	F	C	T	L	N	I	A	E	S	S	I	L	R	S
16	T	R	E	S	E	D	N	S	E	L	U	U	D	E	T	E	O	O
17	M	A	U	S	E	R	X	A	V	R	E	Q	U	I	P	E	E	L
18	N	O	S	I	B	E	T	E	N	I	A	R	E	V	U	O	S	U

MOT DE 12 LETTRES

Itératif

A	C	E	H	O	R	U
adipsies	canoë	empreindre	halles	orobe	repiquer	ufologie
adirés	carpe	F	hébreu	ouvrier	ressource	ukase
aguichant	clore	formuler	hommes	P	S	urate
aller	cogiter	fragon	K	papisme	soleá	V
alvine	contagion	G	kurde	persifler	soviet	velouté
atriau	D	gobelin	M	poème	T	ventru
B	délayer	grole	magnat	Q	tacet	W
baladi	dépôt	gymnique	mante	questions	tisserand	wagonnier
balai	destitution		N		toluène	
bosco	donné		nahua		tortu	
	drôlet					
	drums					

	1	2	3	4	5	6	7	8	9	10	11	12	13	14	15	16	17	18
1	A	D	I	R	E	S	S	O	U	R	C	E	G	R	O	L	E	F
2	A	L	V	I	N	E	R	D	E	S	T	I	T	U	T	I	O	N
3	U	R	A	T	E	R	N	B	A	L	A	D	I	P	S	I	E	S
4	D	E	P	O	T	E	E	O	S	N	O	I	T	S	E	U	Q	E
5	U	R	T	N	E	V	A	I	I	Q	E	G	O	B	E	L	I	N
6	V	E	L	O	U	T	E	G	N	G	E	P	F	R	A	G	O	N
7	M	A	N	T	E	S	U	R	U	N	A	D	R	E	L	L	A	O
8	E	A	R	B	O	U	E	U	R	I	O	T	R	A	N	E	A	D
9	C	O	O	L	E	P	F	O	E	T	C	G	N	U	C	R	G	I
10	T	R	E	R	I	O	A	U	L	R	S	H	A	O	K	D	Y	T
11	O	A	B	Q	L	T	E	V	F	E	O	T	A	W	C	N	M	I
12	I	E	U	O	E	M	E	R	I	L	B	E	C	N	A	I	N	S
13	H	E	G	I	S	S	D	I	S	U	M	N	O	H	T	E	I	S
14	R	I	V	I	A	P	R	E	R	M	A	E	G	O	R	R	Q	E
15	E	O	P	K	C	L	O	R	E	R	G	U	I	M	I	P	U	R
16	S	A	U	H	A	N	L	E	P	O	N	L	T	M	A	M	E	A
17	P	D	E	L	A	Y	E	R	M	F	A	O	E	E	U	E	F	N
18	S	E	L	L	A	H	T	A	C	E	T	T	R	S	M	U	R	D

MOT DE 15 LETTRES

Indocile

A	D	H	J	O	R	T
affiquet	dandy	hacienda	jauni	œstrus	rayer	tapioca
aguet	durée	hévéa	L	orpin	rétracter	tarage
aluminer	E	hobby	loden	ourdou	rosée	tibial
amère	émis	honte	M	P	rostre	titan
appentis	enfaîter	I	mastic	paroir	S	tortis
B	engendré	idole	mater	peint	saccager	tourniquer
beige	F	igloo	mégaptère	pouah	sniff	trabe
boniface	fermion	iléon	N	psoas	spica	tribal
C	filer	inonder	noème		sténo	truck
clone	G	isoler			suraigu	
crapule	générosité					
curée						

	1	2	3	4	5	6	7	8	9	10	11	12	13	14	15	16	17	18
1	T	I	T	A	H	E	T	N	C	D	T	E	U	Q	I	F	F	A
2	A	F	A	G	E	M	N	I	R	S	E	S	R	A	Y	E	R	R
3	R	F	P	U	V	I	T	O	T	E	T	G	A	M	E	R	E	O
4	A	I	I	E	E	S	I	A	L	A	T	E	I	O	S	E	C	S
5	G	N	O	T	A	C	I	P	S	C	N	I	N	E	S	T	S	T
6	E	S	C	M	E	L	U	P	A	R	C	I	A	O	B	P	U	R
7	I	S	A	C	C	A	G	E	R	D	P	I	U	F	E	A	R	E
8	R	E	D	N	O	N	I	N	E	R	N	R	L	M	N	G	T	P
9	T	O	R	T	I	S	L	T	O	C	D	E	E	E	G	E	S	I
10	I	R	I	O	R	A	P	I	C	O	A	O	I	E	O	M	E	G
11	I	S	O	L	E	R	N	S	U	M	N	F	N	C	T	N	O	L
12	R	E	T	C	A	R	T	E	R	F	A	E	I	T	A	N	A	O
13	B	I	Y	T	N	I	E	P	E	R	R	T	R	N	L	H	O	O
14	K	H	D	L	F	R	B	R	E	O	J	A	E	P	O	U	A	H
15	C	O	N	O	U	I	M	I	S	S	B	A	T	R	I	B	A	L
16	U	B	A	D	L	I	L	I	T	E	A	L	U	M	I	N	E	R
17	R	B	D	E	O	E	T	E	R	E	U	Q	I	N	R	U	O	T
18	T	Y	E	N	G	E	N	D	R	E	S	U	R	A	I	G	U	E

JEU 18

MOT DE 10 LETTRES

Réalité

A	**C**	**E**	**G**	**M**	**P**	stère
acerbe	chiure	écroué	guêpe	mamie	plaid	stylo
aède	choyé	éluder	**H**	marri	pubien	**T**
agissante	coiffeur	enter	herbivore	mortel	**R**	tartuffe
agouti	coudée	éraflure	**I**	motet	rousserolle	tuileau
allègre	croustiller	étriller	ippon	**N**	royaume	**V**
alose	**D**	**F**	**L**	neigeux	rudoyer	valet
B	déboîter	filament	lagune	**O**	**S**	
bizut	déclinées	folio	légat	obtempéré	sabra	
bourru	démêlure	frêle		opter	second	
	douma	fumer			snober	
	ducal	futon			soffite	

	1	2	3	4	5	6	7	8	9	10	11	12	13	14	15	16	17	18
1	O	E	R	E	R	A	F	L	U	R	E	X	V	A	L	E	T	A
2	P	X	T	E	I	P	P	O	N	C	D	E	B	O	I	T	E	R
3	T	U	N	O	Y	S	A	B	R	A	E	T	U	I	L	E	A	U
4	E	E	E	B	R	O	U	S	S	E	R	O	L	L	E	P	G	E
5	R	G	M	T	T	D	D	F	D	D	U	C	A	L	E	E	I	T
6	I	I	A	E	R	N	M	U	A	C	E	R	B	E	R	U	S	R
7	C	E	L	M	E	O	O	M	R	M	C	E	C	E	O	G	S	I
8	H	N	I	P	B	C	T	E	O	H	U	O	L	T	V	D	A	L
9	I	F	F	E	O	E	E	R	O	O	I	E	A	I	I	E	N	L
10	U	R	R	R	N	S	T	Y	R	F	P	R	G	F	B	M	T	E
11	R	R	R	E	S	E	E	C	F	L	T	E	U	F	R	E	E	R
12	E	R	R	A	L	T	E	E	A	U	A	T	N	O	E	L	E	U
13	E	N	O	U	M	E	U	I	F	L	O	S	E	S	H	U	S	P
14	A	L	T	Y	O	R	D	F	L	N	S	T	Y	L	O	R	O	U
15	M	E	U	E	A	B	E	E	I	T	U	O	G	A	D	E	L	B
16	U	G	Z	D	R	U	G	S	E	E	N	I	L	C	E	D	A	I
17	O	A	I	E	E	R	M	E	O	I	L	O	F	M	A	M	I	E
18	D	T	B	A	E	R	R	E	L	L	I	T	S	U	O	R	C	N

MOT DE 11 LETTRES

Intolérant

A	B	E	I	N	R	T
abîmée	basin	embardée	infusible	nouure	réceptacle	terminer
accrus	béguin	encreur	J	O	ricocher	tondre
adieu	C	entouré	jugeote	obscure	rôdeur	topette
adret	casoar	esthète	L	ornements	rouer	tyran
alleux	chauve	évohé	lapes	P	S	U
alterner	chiner	exigence	M	photon	scier	urdu
amiable	cicatriser	H	moïse	pièce	stupa	uvulaire
atome	concierge	hélépole	mouler	planquer	sucer	
atout	corroyeur	heurtoir		pompe	suroît	
	couic					
	couplage					
	croisé					

	1	2	3	4	5	6	7	8	9	10	11	12	13	14	15	16	17	18
1	T	A	L	L	E	U	X	I	A	S	E	E	D	R	A	B	M	E
2	E	C	E	I	P	O	M	P	E	U	E	R	I	A	L	U	V	U
3	R	E	N	I	H	C	U	P	R	R	M	U	C	R	O	I	S	E
4	D	N	R	R	P	T	A	E	D	O	I	U	M	O	U	L	E	R
5	A	R	I	U	S	L	U	T	N	I	B	O	B	S	C	U	R	E
6	E	U	O	E	E	O	A	O	O	T	A	N	R	A	D	I	E	U
7	N	E	T	Y	R	S	A	N	T	I	N	F	U	S	I	B	L	E
8	T	R	R	O	C	E	T	E	Q	A	J	U	G	E	O	T	E	I
9	O	C	U	R	O	A	C	H	G	U	T	N	I	U	G	E	B	R
10	U	N	E	R	M	R	S	E	E	A	E	L	O	P	E	L	E	H
11	R	E	H	O	N	U	N	O	P	T	L	R	U	G	A	N	E	R
12	E	E	I	C	R	A	T	E	A	T	E	P	R	R	R	E	C	I
13	N	S	N	C	R	O	R	M	M	R	A	E	U	E	D	V	N	C
14	E	O	C	I	P	E	I	Y	O	E	I	C	T	O	C	U	E	O
15	V	A	T	E	M	A	I	D	T	C	N	L	L	O	C	A	G	C
16	O	B	T	O	B	R	E	C	N	U	A	T	U	E	L	H	I	H
17	H	T	T	L	H	U	E	O	S	S	N	I	S	A	B	C	X	E
18	E	A	E	E	R	P	C	T	C	I	C	A	T	R	I	S	E	R

MOT DE 6 LETTRES

Obtenu

A		D	F	M	pétri	T
alaises	brute	dégradation	flein	manifeste	photo	tapir
aldin	bubale	déjanter	G	maous	punch	tente
alèses	C	dentelé	gager	médius	R	tirer
aryen	cadet	dirigiste	glose	moite	relaxant	tonte
astral	cagou	droit	groom	N	replet	U
athée	chère	E	H	neige	russe	uranate
aviné	contenant	écoté	haire	nouvel	S	V
B	corallien	émues	halète	O	sacré	venaison
baleineau	corps	endémie	L	opiacer	samit	W
balsa	cureton	endort	laper	P	similor	wagnérien
banjo				patinage	songe	
				payable		

	1	2	3	4	5	6	7	8	9	10	11	12	13	14	15	16	17	18
1	E	M	U	E	S	C	E	N	E	O	M	U	S	U	I	D	E	M
2	T	A	A	O	A	T	O	T	O	H	P	O	R	E	C	O	T	E
3	C	N	N	O	I	L	N	R	C	S	D	I	O	A	Q	J	U	L
4	T	G	A	O	U	O	E	U	A	G	I	E	A	R	N	N	R	E
5	E	E	M	X	T	S	Y	S	D	L	L	A	J	C	G	A	B	T
6	B	A	L	S	A	I	R	T	E	P	L	O	N	A	E	B	T	N
7	D	U	R	P	C	L	A	R	T	S	A	I	S	E	N	R	E	E
8	E	A	E	R	E	U	E	T	A	P	I	R	E	E	V	T	E	D
9	G	E	G	O	R	R	R	R	E	G	I	E	N	N	S	T	E	E
10	R	N	A	C	O	N	T	E	N	A	N	T	C	E	S	A	R	R
11	A	I	G	L	L	E	E	H	T	A	I	H	F	I	L	I	E	S
12	D	E	A	E	I	I	S	E	I	O	E	I	G	D	A	P	E	E
13	A	L	P	V	M	R	S	N	R	R	N	I	I	H	A	S	T	S
14	T	A	U	U	I	E	U	D	E	A	R	N	F	L	E	I	N	I
15	I	B	N	O	S	N	R	E	M	I	T	R	O	D	N	E	E	A
16	O	U	C	N	G	G	E	M	D	E	L	B	A	Y	A	P	T	L
17	N	B	H	E	G	A	N	I	T	A	P	H	A	L	E	T	E	A
18	T	I	M	A	S	W	C	E	R	E	R	I	T	E	R	C	A	S

MOT DE 8 LETTRES

JEU 21

Débordement

A
ablégats
allemands
annonceur
artère
B
bacon
baume
blanc
bordereau
butin

C
capacités
capricant
consignée
D
dévot
E
évasé
F
furia
fusel

G
gaffe
ganda
griser
I
iglou
indic
J
jumelage
L
léché
lectrice
linette

litho
livret
M
maman
mense
mûron
muscadine
N
niet
O
occupés

P
parceller
pesto
pleine
ponce
profiler
R
rayé
réfracter
rondeur
rumen

S
salon
sedan
sonné
speech
starlette
surir
T
tentateur
thêta
tholos
tondage

tricotage
tridi
U
usures
V
vertébral

	1	2	3	4	5	6	7	8	9	10	11	12	13	14	15	16	17	18
1	R	I	R	U	S	O	N	N	E	N	I	D	A	C	S	U	M	I
2	B	O	R	D	E	R	E	A	U	A	G	D	T	P	E	N	E	G
3	S	O	L	O	H	T	I	L	D	A	I	H	I	F	O	G	N	R
4	B	A	C	O	N	S	I	G	N	E	E	R	F	R	A	N	U	I
5	A	L	L	E	M	A	N	D	S	T	S	A	U	D	T	E	C	S
6	R	S	E	T	I	C	A	P	A	C	G	M	N	F	D	T	P	E
7	E	U	S	T	A	R	L	E	T	T	E	O	V	N	R	E	R	R
8	S	D	E	V	O	T	P	B	E	E	T	S	O	I	S	E	U	N
9	A	A	T	C	E	S	L	A	H	T	E	R	C	T	F	M	O	C
10	V	R	E	I	N	A	E	C	R	P	T	O	O	R	E	L	I	A
11	E	E	N	U	N	O	E	C	U	C	T	E	A	N	A	D	J	P
12	P	L	T	C	O	L	N	C	I	A	E	C	N	S	N	E	U	R
13	L	I	A	U	E	L	C	N	G	R	T	L	L	I	M	N	M	I
14	E	F	T	F	S	O	G	E	A	E	T	I	L	U	L	I	E	C
15	I	O	E	U	N	U	I	I	R	M	V	C	A	E	E	T	L	A
16	N	R	U	S	E	E	R	E	T	R	A	B	E	Y	R	U	A	N
17	E	P	R	E	M	S	P	E	E	C	H	M	A	L	O	B	G	T
18	N	A	B	L	E	G	A	T	S	L	A	R	B	E	T	R	E	V

MOT DE 4 LETTRES

Coca-Cola

A	D	F	I	M	R	T
acheminer	diapositive	fixée	inutilité	maure	rabaissés	témoigner
adulé	disjonction	froment	irone	mélia	recul	tourd
amandine	dragueur	**G**	**L**	menti	réversion	tuteurer
avenu	drill	gibus	lasso	misères	révoqué	**V**
B	dring	glacis	lieur	**N**	**S**	varia
blond	**E**	goglu	limon	niolo	sarisse	vassaliser
bouffon	empatter	gymnase	local	notions	scare	visa
C	escroc	**H**		**O**	sécréter	
cagoterie		halage		ordonnée	sertir	
catamaran				**P**	sonder	
climat				posologie	soufrière	

	1	2	3	4	5	6	7	8	9	10	11	12	13	14	15	16	17	18
1	R	C	R	R	R	E	V	I	T	I	S	O	P	A	I	D	M	O
2	E	A	G	E	E	E	N	O	I	T	C	N	O	J	S	I	D	R
3	T	G	S	O	R	D	S	S	I	C	A	L	G	A	S	R	M	D
4	T	O	E	L	G	U	N	I	L	L	I	R	D	E	E	E	N	O
5	A	T	C	O	N	L	E	O	L	I	E	U	R	N	N	A	F	N
6	P	E	R	I	C	O	U	T	S	A	L	E	G	T	R	N	R	N
7	M	R	E	N	N	E	I	A	U	E	S	I	I	A	I	O	O	E
8	E	I	T	A	N	U	M	S	R	T	O	S	M	S	T	M	M	E
9	E	E	E	O	C	A	T	E	R	M	E	A	A	I	R	I	E	G
10	E	B	R	R	N	H	I	I	E	E	T	R	H	V	E	L	N	S
11	X	I	L	D	A	R	E	T	L	A	V	A	U	U	S	I	T	N
12	I	O	I	O	F	B	R	M	C	I	L	E	Q	A	R	G	A	O
13	F	N	L	U	N	V	A	R	I	A	T	O	R	D	M	I	M	I
14	E	T	O	U	R	D	C	I	G	N	V	E	L	R	L	B	I	T
15	E	S	S	I	R	A	S	E	S	E	E	A	V	E	N	U	L	O
16	R	U	E	U	G	A	R	D	R	S	S	R	M	C	A	S	C	N
17	E	I	G	O	L	O	S	O	P	S	E	B	O	U	F	F	O	N
18	E	S	A	N	M	Y	G	C	O	R	C	S	E	L	O	C	A	L

MOT DE 6 LETTRES

Atterrir

A	C	E	G	L	pouls	T
aînée	celer	écart	gamba	laïus	proscrire	talus
alors	céteau	émorfilage	ganse	logée	protection	truelle
amarre	commodité	énervé	gelée	M	R	turbulence
atoll	coque	entêtant	global	maërl	rebec	V
audio	craie	épauler	gouge	moucher	recouvrir	végéter
B	crime	F	group	O	rembourser	Z
bourre	culot	fesser	H	ostéome	révulser	zurek
budget	D	fluor	herbue	P	rosage	
buron	défié	formalité	I	pater	route	
	déserteur		indéfini	patin	S	
			inopiné	pente	scion	
				poteau		

	1	2	3	4	5	6	7	8	9	10	11	12	13	14	15	16	17	18
1	E	I	P	U	O	R	G	C	O	Q	U	E	S	C	E	B	E	R
2	I	N	O	P	I	N	E	B	O	U	R	R	E	L	R	E	A	M
3	P	I	E	P	D	E	S	E	R	T	E	U	R	S	U	I	A	L
4	R	F	P	R	O	S	C	R	I	R	E	S	S	E	F	O	M	A
5	O	E	T	O	V	T	R	E	S	R	U	O	B	M	E	R	P	E
6	T	D	U	S	L	E	E	G	A	L	I	F	R	O	M	E	P	E
7	E	N	R	T	R	C	D	A	A	A	L	R	E	R	Z	A	E	S
8	C	I	B	E	I	O	E	T	U	O	O	N	O	U	T	L	R	C
9	T	E	U	O	R	M	F	D	G	S	T	U	R	I	E	O	E	R
10	I	U	L	M	V	M	I	E	A	E	L	E	N	G	L	T	U	E
11	O	B	E	E	U	O	E	G	T	F	K	E	C	A	E	R	E	V
12	N	R	N	E	O	D	E	A	V	I	A	E	L	A	N	A	I	U
13	A	E	C	P	C	I	N	E	B	T	L	L	U	L	I	C	A	L
14	M	H	E	A	E	T	G	U	O	E	A	A	P	G	E	E	R	S
15	A	C	T	U	R	E	R	L	R	G	I	B	M	A	A	U	C	E
16	R	U	U	L	T	O	L	U	C	D	N	O	M	R	T	N	R	R
17	R	O	O	E	N	O	I	C	S	U	E	L	R	A	O	E	S	T
18	E	M	R	R	E	T	N	E	P	B	E	G	U	O	G	F	R	E

MOT DE 10 LETTRES

Éclater

A	C	E	G	L	S	tracas
aérée	cachée	égal	gecko	lamper	sacralisé	trafic
aérer	campo	élargi	grisé	livrer	saucé	U
alphabets	cardère	erres	H	M	sémites	upsilon
anone	caver	éveil	huart	masqué	sourd	V
areau	D	exaucer	I	O	spéos	vénus
athanor	damas	F	iceux	obscénité	steeple	X
B	dégagé	faena	iriez	P	T	xérès
bélouga	délice	favori	ixode	pagure	tacca	
bourrade	déversé	forcé	J	R	tangon	
bradé	dinde		jouter	romain	tarot	
brimer			K	rumba	thème	
			kebab		tiédeur	

	1	2	3	4	5	6	7	8	9	10	11	12	13	14	15	16	17	18
1	D	A	E	F	A	V	O	R	I	N	A	E	S	S	E	N	D	O
2	O	N	D	I	N	D	E	B	A	O	N	T	A	E	R	O	E	B
3	P	E	A	S	C	K	A	R	T	G	O	R	C	R	E	L	G	S
4	M	A	R	A	V	E	E	A	H	N	N	A	A	R	D	I	A	C
5	A	F	R	M	E	B	R	D	A	A	E	U	R	E	R	S	G	E
6	C	L	U	A	N	A	E	E	N	T	L	H	T	E	A	P	E	N
7	S	I	O	D	U	B	E	L	O	U	G	A	B	T	C	U	C	I
8	T	V	B	E	S	I	L	A	R	C	A	S	N	R	A	R	K	T
9	E	R	U	G	A	P	I	X	O	D	E	S	S	I	I	R	O	E
10	E	E	H	C	A	C	R	L	I	E	V	E	P	A	A	M	O	F
11	P	R	E	B	A	R	I	E	A	C	C	A	T	E	U	M	E	T
12	L	N	M	E	E	I	S	G	C	E	S	I	R	G	O	C	O	R
13	E	U	R	T	R	E	C	C	R	U	E	D	E	I	T	S	E	R
14	R	E	U	I	M	E	I	E	S	A	A	H	M	A	S	Q	U	E
15	R	O	E	I	M	F	P	E	G	A	L	X	D	E	L	I	C	E
16	J	Z	T	E	A	M	R	E	V	A	C	E	E	U	A	E	R	A
17	E	E	H	R	A	E	R	E	S	R	E	V	E	D	R	U	O	S
18	S	T	T	L	X	U	E	C	I	A	L	P	H	A	B	E	T	S

MOT DE 12 LETTRES

Défaut

A	C	élimé	H	M	P	S
abysses	capoter	entrains	herse	mânes	partir	sérum
accueilli	crever	éréthisme	humer	masser	percevoir	sorbe
acéré	D	ester	I	mixer	préserver	T
acquêt	dalot	étape	indri	morue	presser	ténia
aimée	digue	excédé	issue	muret	preux	tuile
appât	dinar	F	J	N	putto	U
arrobe	douro	fautif	joint	nodal	R	unisexe
B	dzêta	folle	L	O	râleur	usnée
besson	E	G	libre	otage	réémetteur	usurpatoire
burelle	échec	galop	liman		rider	
	édifier	guide	louper		rigorisme	
	éland					

	1	2	3	4	5	6	7	8	9	10	11	12	13	14	15	16	17	18
1	P	A	I	M	C	L	O	U	P	E	R	C	E	V	O	I	R	E
2	R	I	L	R	R	I	R	U	E	T	T	E	M	E	E	R	E	P
3	E	M	A	E	E	M	S	I	R	O	G	I	R	B	L	E	X	A
4	S	E	D	D	V	N	A	S	E	D	A	L	O	T	N	I	I	T
5	E	E	O	I	E	O	T	T	U	P	P	R	E	T	A	R	M	E
6	R	B	N	R	R	S	E	F	G	E	R	S	R	T	R	P	L	E
7	V	E	R	A	F	S	Z	O	I	A	X	A	E	E	E	L	P	H
8	E	T	M	O	M	E	D	L	D	T	I	E	I	S	E	R	E	A
9	R	N	I	S	S	B	D	L	I	N	U	F	S	R	S	R	U	S
10	I	I	E	L	I	U	T	E	S	B	I	A	U	I	S	Y	E	M
11	O	O	R	O	L	H	H	E	C	D	R	B	F	E	N	R	B	T
12	T	J	C	D	T	I	T	U	E	X	U	E	R	P	U	U	E	A
13	A	E	A	P	N	A	E	E	M	R	E	L	I	M	A	N	E	R
14	P	L	P	A	C	I	G	U	R	E	E	U	G	D	I	S	U	E
15	R	A	O	R	U	O	D	E	C	E	R	S	I	A	T	E	R	C
16	U	N	T	T	T	E	U	Q	C	A	N	S	E	L	E	O	H
17	S	D	E	I	G	U	I	D	E	I	A	E	R	A	C	O	M	E
18	U	O	R	R	R	E	S	S	E	R	P	E	R	A	M	N	P	C

MOT DE 10 LETTRES

Appui

A	C	E	G	M		T
absinthes	cauri	égayé	gages	morveux	plaintes	tamis
allumé	champ	élever	goulache	N	promo	toril
apogées	courir	embourber	H	néottie	pulpe	U
appui	curetage	érosif	hébétas	norme	purée	usages
B	D	étréci	hourd	O	R	V
badge	dadais	F	huitaine	opalin	rabiot	vaste
ballonnet	délier	fatum	I	osier	randonneur	vélar
blini	désescalade	flairer	immondice	P	rapin	vissage
buste	dormeur	flétrissure	isthme	paire	raton	volis
					péléen	remeubler	S
					piéter	shako

	1	2	3	4	5	6	7	8	9	10	11	12	13	14	15	16	17	18
1	E	M	H	T	S	I	S	E	N	I	P	A	R	I	U	P	P	A
2	E	B	L	I	N	I	H	H	U	I	T	A	I	N	E	U	P	E
3	E	C	L	O	A	C	R	E	M	E	U	B	L	E	R	U	M	D
4	E	O	R	D	A	N	I	L	A	P	O	S	O	E	L	T	A	A
5	V	M	A	L	X	U	E	V	R	O	M	I	E	P	C	O	H	L
6	E	D	U	B	V	N	R	E	R	S	O	N	E	E	U	R	C	A
7	R	O	I	E	A	E	F	E	L	I	R	T	E	I	R	I	S	C
8	G	S	L	M	R	L	R	I	B	E	P	H	G	T	E	L	H	S
9	F	A	T	U	M	I	L	U	S	R	P	E	D	T	T	R	A	E
10	R	T	T	L	A	O	A	O	S	O	U	S	A	O	A	A	K	S
11	R	E	I	L	E	D	N	P	N	S	R	O	B	E	G	B	O	E
12	U	B	F	A	E	N	R	D	L	N	I	E	B	N	E	I	H	D
13	S	E	E	G	O	P	A	U	I	A	E	R	C	M	R	O	O	I
14	A	H	A	T	B	U	S	T	E	C	I	T	T	O	E	T	U	R
15	G	Y	A	E	E	T	S	A	V	M	E	N	A	E	U	F	R	U
16	E	R	V	I	S	S	A	G	E	O	R	R	T	M	L	R	D	A
17	S	R	A	N	D	O	N	N	E	U	R	O	T	E	I	F	I	C
18	R	S	E	G	A	G	P	I	E	T	E	R	D	E	S	S	T	R

MOT DE 4 LETTRES

Enclos

A	caseret	E	G	K	O	S
ahaner	ceint	écharde	gamay	klaxon	optatif	saler
animé	chips	édile	gélif	kohol	P	sigle
anion	compléter	étain	genêt	L	pédagogie	stérol
apponter	contrat	F	H	laure	pentu	suspendu
attisé	couru	farad	hésiter	limace	percée	T
B	crête	faufilé	hotte	lugeur	R	timonerie
bâtisse	criée	fileur	I	M	rabaissé	trapu
boire	D	fluet	ingénier	méson	ratage	U
bouilli	dansant	four	iront	minot	rouan	urètre
C	décrépit	fulminant		N		usité
camelote	dérapage	funeste		naine		V
caque						veillée

	1	2	3	4	5	6	7	8	9	10	11	12	13	14	15	16	17	18
1	C	K	T	B	L	U	G	E	U	R	R	E	E	R	F	U	E	D
2	A	O	O	O	A	E	C	A	M	I	L	L	G	E	U	D	D	A
3	S	H	N	I	A	T	E	A	U	P	E	G	A	T	L	N	R	N
4	E	O	I	R	C	T	I	O	M	U	E	I	T	N	M	E	A	S
5	R	L	M	E	R	O	F	S	Q	E	L	S	A	O	I	P	H	A
6	E	E	S	P	I	H	C	A	S	A	L	E	R	P	N	S	C	N
7	T	T	I	P	E	R	C	E	D	E	I	O	S	P	A	U	E	T
8	R	N	I	N	E	G	A	P	A	R	E	D	T	A	N	S	E	T
9	F	U	I	S	E	U	T	N	E	P	V	T	E	E	T	N	N	C
10	E	A	E	E	U	G	T	I	M	O	N	E	R	I	E	O	P	O
11	E	I	R	L	C	R	N	C	O	U	R	U	O	G	R	E	G	N
12	T	A	G	A	I	E	E	I	A	F	A	L	L	I	R	E	A	T
13	S	H	R	O	D	F	K	T	I	L	B	F	E	C	L	U	R	R
14	E	A	Y	I	G	L	U	T	R	E	A	S	E	I	O	A	A	A
15	N	N	L	A	A	A	A	A	T	E	I	E	F	R	P	N	C	T
16	U	E	I	X	M	T	D	E	F	T	S	B	O	U	I	L	L	I
17	F	R	O	A	P	A	R	E	T	I	S	E	H	M	E	S	O	N
18	A	N	I	O	N	C	G	A	P	R	E	T	E	L	P	M	O	C

MOT DE 5 LETTRES

Forme nominale du verbe latin

A		E	H	M	P	S
abcès	bijou	élevé	hanap	mégis	peler	sidéen
abdomen	braise	enfin	harem	melon	péter	surate
aguerri	C	enzyme	hircin	meurette	pétun	T
alène	ceste	équipe	I	nard	picoté	tarse
alpinisme	contrevent	ériger	ilion	N	posada	terni
amené	D	éveillées	inquiets	O	pull	tondu
aplat	daller	F	interview	oasis	Q	tripes
arrière	décrêper	fanage	ivraie	offenseur	quotidien	X
B	devise	fatma	L		R	xénon
batte	diplôme	feuil	labri		raffermir	
béante		fosse	laquer			
bétoire			latte			

	1	2	3	4	5	6	7	8	9	10	11	12	13	14	15	16	17	18
1	R	E	L	E	P	R	F	S	E	E	I	E	E	P	E	T	U	N
2	S	H	E	N	U	A	E	T	E	N	T	R	M	M	A	T	S	I
3	E	A	T	E	T	O	A	G	R	C	E	T	E	Y	N	N	L	U
4	E	R	T	M	P	R	J	E	I	I	B	U	A	E	Z	I	A	P
5	L	E	A	A	U	I	T	I	R	R	R	A	V	B	O	N	U	H
6	L	M	L	S	R	O	U	R	B	E	E	E	F	N	O	L	E	M
7	I	S	P	R	A	F	A	Q	T	M	R	E	M	O	L	P	I	D
8	E	I	A	E	F	F	P	T	E	T	U	A	G	U	E	R	R	I
9	V	N	O	T	F	E	E	G	N	I	N	T	E	R	V	I	E	W
10	E	I	A	E	E	N	I	O	L	Q	U	O	T	I	D	I	E	N
11	L	P	S	P	R	S	C	F	A	N	A	G	E	R	N	R	E	I
12	E	L	I	B	M	E	S	I	D	E	E	N	B	Q	I	M	A	F
13	I	A	S	E	I	U	C	A	B	T	P	N	U	R	O	P	O	N
14	V	L	T	T	R	R	L	E	O	O	O	I	A	D	A	S	E	E
15	R	A	A	O	O	L	A	C	S	N	E	L	B	I	S	I	N	S
16	A	B	R	I	E	N	I	A	E	T	E	A	D	E	V	I	S	E
17	I	R	S	R	T	P	D	X	S	N	E	N	I	C	R	I	H	E
18	E	I	E	E	L	A	Q	U	E	R	D	E	C	R	E	P	E	R

MOT DE 4 LETTRES

Printanier

A	C	F	J	O	S	tristesse
abrité	cahoté	faible	jaseran	octet	salpe	tueur
accablant	constable	forum	juger	P	santé	U
adnée	crasse	G	L	pester	séché	untel
aloyau	D	gaine	lendemain	public	située	V
assemblé	déraciner	gardien	liure	R	stick	vagir
atterrés	dieux	H	M	racontar	suette	verglacer
aussi	dysosmie	heurt	mégissier	ramie	T	
B	E	I	menées	recouvrer	tarin	
bière	enclore	index	N	réserver	tempérant	
	ennui	infirmer	néogène	ringard	tienne	
	enture	insulteur	nudiste		tribun	
					trier	

	1	2	3	4	5	6	7	8	9	10	11	12	13	14	15	16	17	18
1	E	M	H	I	N	F	I	R	M	E	R	F	C	D	I	E	U	X
2	N	C	E	E	T	S	I	D	U	N	O	O	T	E	T	C	O	E
3	C	A	U	G	U	R	Y	N	V	R	N	E	T	I	R	B	A	D
4	L	H	R	E	I	S	A	E	U	S	D	R	E	T	S	E	P	N
5	O	O	T	E	O	S	R	M	T	E	E	I	E	R	U	S	I	I
6	R	T	A	S	S	G	S	A	I	R	R	N	H	L	I	E	U	B
7	E	E	M	C	L	A	B	I	I	E	A	S	C	R	E	G	U	A
8	E	I	R	A	C	L	J	N	E	K	C	U	E	A	N	T	A	R
9	E	R	C	V	E	A	G	U	C	R	I	L	S	T	I	G	N	V
10	C	E	U	N	U	A	B	I	G	N	N	T	E	N	A	A	S	U
11	R	I	N	T	R	O	T	L	U	E	E	E	P	O	M	I	E	R
12	T	U	L	D	N	S	C	B	A	A	R	U	L	C	E	N	R	E
13	I	U	I	B	A	E	I	E	F	N	Y	R	A	A	D	E	R	S
14	E	E	L	I	U	R	E	I	R	T	T	O	S	R	N	O	E	E
15	N	I	R	A	T	P	A	S	S	E	M	B	L	E	E	G	T	R
16	N	T	N	A	R	E	P	M	E	T	N	A	S	A	L	E	T	V
17	E	L	B	I	A	F	T	R	I	S	T	E	S	S	E	N	A	E
18	E	S	S	A	R	C	E	E	U	T	I	S	E	E	N	E	M	R

MOT DE 9 LETTRES

Lier

A	C	E	H	M	P	T
accumuler	câlin	elbot	hocher	mambo	pelle	théâtre
acquits	caner	embrumé	I	marée	pénil	théorbe
aimés	cerce	entrecôte	imager	missel	poncif	tulipe
album	copine	étonner	ingénieux	mitaine	python	V
alpin	crabe	externe	J	modem	R	vendre
anode	D	F	jeton	musique	relâcher	vidéo
asséner	danse	fertilisé	L	N	ruines	villa
B	désennuyé	fulminer	louer	normatif	S	votant
baste	diarrhée	G		nouet	secte	
bébête	disco	gélatine		O	sevré	
bécot	dogue	guano		okapi	sport	
biaxe						

	1	2	3	4	5	6	7	8	9	10	11	12	13	14	15	16	17	18
1	R	F	I	C	N	O	P	A	C	C	U	M	U	L	E	R	E	T
2	E	U	E	G	F	I	T	A	M	R	O	N	T	M	E	B	M	N
3	E	B	I	R	E	N	R	E	T	X	E	E	A	L	A	U	O	A
4	N	D	R	N	T	R	O	P	S	R	U	R	L	R	S	T	G	T
5	T	I	P	O	E	I	E	A	D	O	E	E	C	I	E	U	U	O
6	R	A	Y	K	E	S	L	N	N	E	P	H	Q	J	M	L	A	V
7	E	R	T	A	E	H	T	I	N	A	S	U	C	E	I	I	N	F
8	C	R	H	P	L	R	T	I	S	O	E	E	D	A	A	P	O	U
9	O	H	O	I	E	D	A	S	E	E	T	O	N	S	L	E	D	L
10	T	E	N	H	I	T	E	U	E	N	M	E	I	N	E	E	E	M
11	E	E	C	S	I	N	G	E	N	I	E	U	X	M	U	C	R	I
12	P	O	C	M	E	O	L	N	I	P	L	A	B	A	A	Y	T	N
13	H	O	E	R	D	N	E	V	T	O	R	R	L	L	I	G	E	E
14	R	N	I	L	A	C	S	L	A	C	U	L	M	S	A	B	E	R
15	B	A	S	T	E	O	S	O	L	M	I	A	E	C	A	N	E	R
16	T	T	O	C	E	B	I	U	E	V	M	V	T	E	S	N	A	D
17	E	L	B	O	T	E	M	E	G	B	R	A	C	Q	U	I	T	S
18	R	E	T	E	B	E	B	R	O	E	D	I	V	C	E	R	C	E

MOT DE 8 LETTRES

JEU 31

Indisposer

A	C	E	H		
acheté	carry	ébène	héler	mataf	pellet
âgées	cellulose	enjoindre	huées	mitard	philo
aménagé	chaos	épais	I	mouchette	piège
amollir	claim	épris	infecter	N	prêle
aorte	corsé	essor	ioder	nazaréen	R
arôme	coulé	exact	J	nettoyages	ranimé
B	cruche	F	jaser	nonce	regel
bonne	D	fonder	L	O	rieur
bouquets	démotiver	G	lorgné	orque	rudiments
	dépité	gombo	M	ossue	S
	djinn		mâche	P	seyant
	dormitif		mastoc	pacte	
				panachage	

T: tacle, tonus, trial, typer
V: vérifier, voyous

	1	2	3	4	5	6	7	8	9	10	11	12	13	14	15	16	17	18
1	S	E	A	B	P	E	L	L	E	T	E	H	C	A	H	E	E	R
2	I	H	G	O	S	E	U	Q	R	O	S	S	E	E	L	N	E	S
3	R	C	E	N	D	T	D	E	B	E	N	E	L	C	J	G	I	U
4	P	U	E	N	R	E	N	M	M	D	E	E	A	O	E	A	R	N
5	E	R	S	E	P	E	O	E	E	A	R	T	I	L	P	G	A	O
6	M	C	E	I	E	G	P	M	M	F	T	N	S	E	Y	A	N	T
7	O	A	T	L	C	X	O	Y	I	I	D	A	M	O	L	L	I	R
8	A	E	C	H	E	T	A	T	T	R	D	C	F	A	R	O	M	E
9	U	O	A	H	I	A	I	C	E	L	L	U	L	O	S	E	E	S
10	E	O	R	V	E	M	M	I	T	A	R	D	R	A	N	T	T	A
11	S	U	E	T	R	E	R	E	T	C	E	F	N	I	I	D	O	J
12	E	R	S	O	E	N	I	E	T	T	E	H	C	U	O	M	E	C
13	E	E	D	S	D	A	E	N	G	R	O	L	I	H	P	V	N	R
14	S	G	P	C	O	G	U	N	A	Z	A	R	E	E	N	O	C	T
15	R	E	A	O	I	E	R	E	I	F	I	R	E	V	N	Y	A	R
16	O	I	C	U	P	A	N	A	C	H	A	G	E	C	I	O	R	I
17	C	P	T	L	S	E	G	A	Y	O	T	T	E	N	J	U	R	A
18	H	U	E	E	S	B	O	U	Q	U	E	T	S	R	D	S	Y	L

MOT DE 4 LETTRES

Trouble de l'appétit

A	C	E	G	N	R	stratège
adulte	cabot	effilé	gibet	nævi	raja	supra
affin	cenne	égale	guère	nervi	rajout	T
alexie	cérémonieuse	éphod	H	O	remuant	taconeos
assez	chinoiser	espacer	hacher	ourse	résilier	ternir
B	ciron	évidé	hocco	P	S	thèse
banne	cognée	F	L	parangon	sabord	train
bisou	crase	fauchée	liaison	pédalo	sagum	trieur
bitos	D	filiale	lombes	plane	satrape	V
blasphème	défaillir	frite	M	poing	sedum	vasque
bonsoir	dîner		miraud		selon	
bouger	doper				semis	

	1	2	3	4	5	6	7	8	9	10	11	12	13	14	15	16	17	18
1	N	E	P	R	N	L	D	R	V	D	N	R	A	P	L	A	N	E
2	E	I	D	A	E	O	I	A	E	O	U	C	E	F	R	I	T	E
3	R	E	E	I	H	C	S	A	G	M	H	A	S	H	F	A	C	E
4	V	V	N	P	V	Q	A	N	I	I	U	L	R	I	C	I	J	P
5	I	S	E	G	U	E	A	P	N	S	A	A	O	I	M	A	N	A
6	E	E	E	E	O	R	I	O	S	N	O	B	N	M	M	E	H	R
7	G	S	M	L	A	C	I	E	C	E	N	N	E	T	B	D	S	T
8	E	U	E	P	O	S	Z	L	O	L	A	D	E	P	E	E	B	A
9	T	E	H	H	E	N	E	A	U	E	L	I	F	F	E	O	S	S
10	A	I	P	R	T	O	S	I	O	I	E	R	A	O	U	R	S	E
11	R	N	S	E	A	R	S	L	S	X	T	I	T	G	U	E	R	E
12	T	O	A	E	C	I	A	I	I	E	L	N	E	C	R	A	S	E
13	S	M	L	H	O	C	T	F	B	L	U	R	B	E	L	A	G	E
14	C	E	B	C	N	S	D	R	I	A	D	E	I	O	C	C	O	H
15	A	R	A	U	E	A	O	R	I	I	A	T	G	G	N	I	O	P
16	B	E	N	A	O	G	P	T	N	E	R	E	S	I	L	I	E	R
17	O	C	N	F	S	U	E	E	I	S	U	P	R	A	J	O	U	T
18	T	S	E	D	U	M	R	S	A	B	O	R	D	T	R	A	I	N

MOT DE 7 LETTRES

Amène

	1	2	3	4	5	6	7	8	9	10	11	12	13	14	15	16	17	18
1	U	P	P	I	L	E	E	I	I	E	M	A	B	O	U	T	I	R
2	S	L	N	U	B	S	N	T	E	D	R	A	C	O	D	N	E	R
3	R	D	F	M	E	U	F	C	U	N	I	U	C	M	O	A	E	E
4	U	C	A	F	T	R	R	A	H	A	O	O	V	I	E	I	H	L
5	O	G	A	I	A	I	O	Z	E	M	F	E	T	A	S	T	R	U
6	J	B	L	L	I	M	U	N	T	A	N	C	R	I	L	N	E	D
7	A	E	R	T	M	I	F	A	R	G	E	E	L	E	B	O	C	O
8	E	R	O	U	A	E	R	S	A	R	I	A	A	R	M	O	N	N
9	T	U	O	B	M	E	O	G	I	V	B	M	A	T	I	R	I	L
10	R	T	Q	U	A	E	U	D	E	L	U	B	I	E	A	E	O	J
11	A	S	P	I	T	A	B	L	E	T	I	E	R	P	T	U	C	A
12	M	O	A	A	O	R	U	E	N	E	T	T	S	T	C	C	E	C
13	O	P	P	G	L	R	E	L	A	T	O	E	E	H	E	D	D	O
14	N	I	O	R	E	E	E	R	U	L	I	R	E	D	I	E	S	T
15	T	L	T	A	T	L	S	H	A	R	C	T	E	N	G	I	O	P
16	A	O	A	I	R	E	I	P	A	U	E	S	U	E	T	I	R	F
17	N	T	G	R	A	M	A	V	S	R	E	E	D	I	F	I	E	I
18	E	E	E	E	D	O	L	I	C	S	R	E	L	L	O	C	N	E

MOT DE 4 LETTRES

Volontaire

A	C	E	I	N	rigolo	T
alezane	cassonade	égriser	incise	nuit	rorqual	tarte
annexes	cirier	émotionner	L	O	S	théière
B	clous	époumoner	légèreté	œuvé	salle	tierce
babil	clownesse	essai	lemme	P	séisme	toile
bifocal	crème	F	licou	pédestre	sévir	toman
bille	D	faucille	M	percutant	sicle	touée
billion	débat	fermeture	messe	R	sorte	U
borner	déception	ferrer	minou	râpeux	subordonné	usagé
bourg	dièse	G	mirer	rein	swahili	V
bugle	durci	gants	montée	repérer		vénal
						vivier

	1	2	3	4	5	6	7	8	9	10	11	12	13	14	15	16	17	18
1	E	R	E	P	E	R	E	R	E	D	U	R	C	I	O	R	E	E
2	L	I	N	C	I	S	E	S	C	O	S	I	C	L	E	E	T	E
3	L	E	N	U	E	E	S	S	N	R	R	P	O	R	T	R	L	F
4	I	N	O	I	I	E	P	I	O	I	E	G	I	N	A	L	S	E
5	C	A	D	S	N	T	M	O	E	R	I	M	O	T	I	A	R	R
6	U	Z	R	W	E	E	T	R	U	R	T	M	E	B	L	E	U	R
7	A	E	O	A	R	R	D	O	E	M	M	E	L	L	I	S	F	E
8	F	L	B	H	T	E	E	E	I	T	O	U	E	E	A	E	S	R
9	C	A	U	I	S	G	E	N	C	L	E	N	H	G	R	X	E	O
10	L	E	S	L	E	E	D	E	N	E	E	T	E	M	C	E	V	E
11	A	G	S	I	D	L	A	N	L	O	P	M	E	R	L	N	I	U
12	C	R	E	V	E	E	N	E	O	G	I	T	E	S	O	N	R	V
13	O	I	I	I	P	S	O	B	C	I	U	T	I	S	U	A	R	E
14	F	S	S	V	L	S	S	O	D	R	L	B	O	O	S	V	A	T
15	I	E	M	I	I	A	S	U	E	E	E	L	A	M	N	E	P	O
16	B	R	E	E	C	I	A	R	B	I	E	I	I	B	E	N	E	M
17	R	E	N	R	O	B	C	G	A	N	T	S	T	B	I	A	U	A
18	P	E	R	C	U	T	A	N	T	R	O	R	Q	U	A	L	X	N

MOT DE 6 LETTRES

Finances

A	brocher	D	F	I	O	S
absolu	burlesque	dauphin	flanc	igame	ouche	satin
acérée	**C**	dédit	fortifiai	iliaque	**P**	slang
æschnes	caduc	désuet	funèbre	inquiet	purisme	soins
ailler	caleçon	**E**	**G**	invar	**R**	souligner
albugo	camus	émeri	glaire	**J**	réassort	supin
B	clergé	encombrer	gondole	juter	reconsidérer	**T**
baril	combien	encre	grisaille	**L**	réprouver	tanné
batik	crêpé	envoûté	**H**	labbe	résiné	tympan
blaps	curry	éoué	hasardé	lequel	revue	**V**
bondi		européen		loyal		vieil
botte		exclu				

	1	2	3	4	5	6	7	8	9	10	11	12	13	14	15	16	17	18
1	M	E	T	T	O	B	D	F	E	A	E	N	I	P	U	S	I	R
2	O	G	U	B	L	A	U	A	T	I	E	U	R	E	S	I	N	E
3	T	N	T	A	N	N	E	D	U	G	L	S	R	B	M	O	V	R
4	E	A	C	R	E	P	E	E	O	P	R	I	C	O	L	E	A	E
5	I	L	A	B	B	E	F	S	V	Y	H	I	A	H	P	A	R	D
6	U	S	R	O	B	L	O	U	N	S	C	I	S	Q	N	E	P	I
7	Q	E	N	A	E	R	R	E	E	N	U	G	N	A	U	E	E	S
8	N	D	T	U	B	E	T	T	C	I	R	A	P	Q	I	E	S	N
9	I	I	Q	L	A	A	I	E	A	O	R	M	S	R	G	L	B	O
10	K	E	C	O	R	S	F	X	M	S	Y	E	E	O	C	R	L	C
11	L	E	N	Y	I	S	I	C	U	T	L	V	N	D	O	R	E	E
12	C	U	A	A	L	O	A	L	S	R	U	D	E	C	M	E	G	R
13	A	I	L	L	E	R	I	U	U	O	O	D	H	N	B	T	R	G
14	L	E	F	O	S	T	C	B	R	L	I	E	I	V	I	U	E	L
15	E	D	R	A	S	A	H	P	E	T	R	E	V	U	E	J	L	A
16	C	O	T	C	D	B	E	R	E	R	B	M	O	C	N	E	C	I
17	O	I	U	U	N	R	A	S	R	E	N	G	I	L	U	O	S	R
18	N	A	C	E	R	E	E	M	S	I	R	U	P	O	U	C	H	E

MOT DE 8 LETTRES

Insister (S')

A	boille	costumier	F	H	R	T
adobe	brave	couvée	félidé	harle	raides	thaïes
agaric	C	D	ferrement	L	répit	titisme
aoûtat	calorie	débit	ficus	latex	ruchée	toper
aqueux	calus	dévêtir	fixité	lusin	S	tordu
aselle	camée	docte	flood	M	saboteur	V
auge	canif	dosse	G	massacres	samovar	varus
B	colvert	dossiers	gabie	mineure	sanve	virer
baratiner	conduite	drain	ganses	N	secteur	
baroscope	conserver	E	gâtisme	niébé	sitar	
blablabla	cordes	écang	glial	P		
blâmer		édam		pétard		
		évent				

	1	2	3	4	5	6	7	8	9	10	11	12	13	14	15	16	17	18
1	E	R	T	O	P	E	R	P	E	C	A	N	G	F	S	T	T	R
2	L	M	A	S	S	A	C	R	E	S	A	L	O	E	A	I	R	U
3	L	B	H	I	C	A	N	I	F	T	I	U	N	R	M	T	E	C
4	I	T	E	A	D	O	C	T	E	A	A	I	G	R	O	I	V	H
5	O	R	H	E	R	E	S	E	L	S	A	R	S	E	V	S	L	E
6	B	T	E	A	V	L	S	V	I	R	S	E	D	M	A	M	O	E
7	E	S	T	I	I	I	U	E	E	D	S	D	O	A	E	R	E	C	B
8	S	L	E	I	M	E	O	D	E	R	A	D	D	N	U	I	A	E
9	B	E	L	C	P	U	S	C	O	D	E	B	I	T	S	R	M	I
10	A	R	S	E	T	E	T	C	T	A	T	U	O	A	A	S	S	N
11	R	E	E	N	S	E	R	S	B	R	A	V	E	T	I	X	I	F
12	O	V	I	E	A	A	U	C	O	N	D	U	I	T	E	S	T	C
13	S	R	B	B	A	G	A	R	I	C	N	N	A	C	A	U	A	B
14	C	E	A	O	U	F	L	O	O	D	E	G	F	N	A	L	R	L
15	O	S	G	D	O	S	S	I	E	R	S	V	V	I	O	M	A	A
16	P	N	R	A	C	A	L	U	S	I	N	E	E	R	C	T	E	M
17	E	O	A	L	B	A	L	B	A	L	B	M	I	N	E	U	R	E
18	T	C	E	R	E	R	I	V	A	Q	U	E	U	X	T	R	S	R

MOT DE 8 LETTRES

Finissage

A	béquiller	E	H	marle	R	T
abris	bigle	entorse	hiémal	menacé	rancard	tiper
admise	C	envoyé	huard	O	réalité	tonca
aldins	cèdre	express	I	obtus	rétro	
aliments	cerne	F	insectes	œuvrer	S	
alourdies	clapet	fjord	intimisme	opprobre	seime	
annelet	cohabiter	foène	L	P	souffrir	
arnica	courgette	formule	lexie	panne	spire	
arrivées	cuivre	G	linge	patrie	spore	
B	D	gonio	M	pelote	subodoré	
bacillose	doigt		maigrir	piton		
bajoue			malté	politicien		

	1	2	3	4	5	6	7	8	9	10	11	12	13	14	15	16	17	18
1	A	E	U	O	J	A	B	D	E	A	A	E	I	R	T	A	P	A
2	C	O	H	A	B	I	T	E	R	Y	C	C	L	I	N	G	E	L
3	F	S	E	C	E	E	T	R	D	A	O	I	N	O	G	S	F	O
4	S	S	N	E	I	R	I	E	N	O	U	V	N	O	E	O	E	U
5	T	E	T	R	X	V	N	E	L	E	I	H	N	R	T	U	T	R
6	N	R	O	N	E	I	M	E	M	E	O	G	D	E	A	F	O	D
7	E	P	R	E	L	U	L	S	I	P	N	E	T	S	F	F	L	I
8	M	X	S	I	E	C	I	A	P	C	C	N	I	P	J	R	E	E
9	I	E	E	M	R	M	B	R	M	M	I	E	A	I	O	I	P	S
10	L	S	I	M	I	G	O	A	A	E	L	T	O	R	R	R	R	S
11	A	E	P	T	A	B	I	R	C	G	I	B	I	E	D	E	U	R
12	S	N	N	O	R	L	L	A	I	I	T	H	F	L	L	B	O	A
13	T	I	P	E	R	E	T	B	M	U	L	O	A	L	O	N	E	N
14	E	T	I	L	A	E	R	E	S	A	R	L	I	D	O	P	U	C
15	C	O	U	R	G	E	T	T	E	M	D	U	O	T	R	A	V	A
16	I	N	S	E	C	T	E	S	U	I	Q	R	I	S	T	N	R	R
17	G	T	E	P	A	L	C	L	N	E	E	P	F	O	E	N	E	D
18	E	S	I	M	D	A	E	S	B	S	I	R	B	A	R	E	R	E

MOT DE 9 LETTRES

Travail, aspect du damassé

A	craquelin	G	L	O	recension	V
abîmé	cycle	gémellé	lueur	onguent	récent	vaticiner
arrêté	D	gilde	M	ordre	reculé	vautrer
avoué	décréter	I	manie	oriel	refus	viagra
B	dirham	isoète	manillon	ouest	rugby	voter
berné	E	ixième	massacrer	ouvré	S	
bigot	excommunié	J	média	P	salat	
biser	exilée	joncer	méloé	palis	saumon	
bluffeur	fixés	jouet	ménage	poste	seing	
bonus	F	K	mendier	purge	sépia	
C	fracas	kentia	monoï	R	T	
cistre	friser	knout	N	réactiver	téter	
couvi			navet	rebras		

	1	2	3	4	5	6	7	8	9	10	11	12	13	14	15	16	17	18
1	E	N	D	E	G	R	U	P	S	F	R	I	S	E	R	M	R	A
2	R	O	F	P	A	L	I	S	M	E	O	U	E	E	O	E	U	T
3	V	L	R	N	O	M	U	A	S	R	P	L	G	N	X	D	E	E
4	U	L	A	E	A	R	G	A	I	V	I	I	O	B	I	I	F	V
5	O	I	C	M	S	E	M	E	I	X	I	I	A	S	Y	A	F	A
6	J	N	A	E	D	I	L	U	E	U	R	T	O	G	I	B	U	N
7	O	A	S	L	P	U	B	A	R	E	R	E	C	N	O	J	L	M
8	U	M	I	O	C	S	I	E	R	E	T	E	R	C	E	D	B	E
9	E	G	S	E	A	V	C	C	E	E	N	R	E	E	R	V	T	N
10	T	T	R	R	U	E	A	I	T	N	E	K	A	X	T	A	N	A
11	E	S	B	O	N	S	R	K	E	R	U	O	C	C	S	T	E	G
12	R	E	C	S	S	S	N	E	T	E	G	R	T	O	I	I	C	E
13	R	U	I	A	A	O	D	U	I	B	N	D	I	M	C	C	E	S
14	A	O	M	U	U	L	A	I	S	D	O	R	V	M	C	I	R	B
15	N	R	E	T	O	V	A	V	R	E	N	E	E	U	Y	N	E	O
16	E	L	L	E	M	E	G	T	O	H	I	E	R	N	C	E	F	N
17	N	I	L	E	U	Q	A	R	C	U	A	N	M	I	L	R	U	U
18	A	B	I	M	E	R	M	A	N	I	E	M	G	E	E	E	S	S

MOT DE 7 LETTRES

Pièce de métal en forme d'angle

A	C	E	H	M	O	S
aboie	carier	effroi	hélianthe	malignité	ocelot	scandé
adroites	catilinaire	envoler	hideux	maton	orgie	scout
agreg	chaman	exténué	J	mégot	ovaire	stencil
aigus	cimicaire	F	jalap	mener	P	suber
amants	contourné	fatras	joker	minimaux	pépin	T
amusé	cruels	focal	K	morve	pitre	tacher
B	D	foyer	kaki	mutine	prise	tison
benêt	dévidé	G	L	N	prorata	tombereau
biler	doctorat	genette	lapon	nappe	putti	U
		gourmet	lause	nazi	R	ulve
			lourde		ritte	V
					rurale	vêler

	1	2	3	4	5	6	7	8	9	10	11	12	13	14	15	16	17	18
1	R	H	P	T	A	M	U	S	E	A	S	E	T	I	O	R	D	A
2	E	I	E	M	E	G	O	T	U	I	I	E	E	E	P	P	A	N
3	L	D	P	U	E	M	T	R	T	B	X	G	B	E	N	E	T	R
4	O	E	I	A	N	I	R	T	V	T	E	M	U	T	I	N	E	Q
5	V	U	N	E	R	S	U	U	E	E	P	R	I	S	E	L	N	R
6	N	X	E	R	U	P	T	N	O	M	A	T	O	N	I	A	O	E
7	E	U	H	E	O	V	U	E	A	G	R	E	G	B	O	C	P	I
8	O	P	T	B	T	E	O	I	N	E	S	U	A	L	B	O	A	R
9	V	R	N	M	N	L	C	K	O	C	S	A	R	T	A	F	L	A
10	A	O	A	O	O	E	S	A	E	R	I	A	C	I	M	I	C	C
11	I	R	I	T	C	R	E	K	O	J	F	L	O	M	I	E	E	X
12	R	A	L	S	T	N	A	M	A	H	C	F	E	C	R	Z	U	G
13	E	T	E	D	O	C	T	O	R	A	T	N	E	T	E	A	A	E
14	R	A	H	F	O	Y	E	R	R	U	E	A	I	O	M	L	D	N
15	E	T	I	N	G	I	L	A	M	R	R	P	C	I	R	R	O	E
16	E	R	I	A	N	I	L	I	T	A	C	A	N	H	U	G	V	T
17	E	T	I	S	O	N	J	A	L	A	P	I	L	O	E	L	I	T
18	S	C	A	N	D	E	V	I	D	E	M	S	L	E	U	R	C	E

MOT DE 9 LETTRES

Ostraciser

A	argué	déployé	**F**	**I**	**O**	**R**
abonné	autodrome	déraidir	fâché	icône	obturé	rafle
accro	**B**	**E**	fafiot	influer	odéon	recta
aérium	bicuspide	écailler	freinage	**L**	offre	ruser
aigre	bûcher	égéen	**G**	lavabo	otite	**T**
alevins	bugne	émoudre	givre	lunule	**P**	taure
alleu	**C**	énergique	grège	**M**	pesée	tendre
amplement	coupe	épicé	gueux	ménure	pessaire	tribu
annone	créateur	extase	**H**	**N**	popularité	**V**
apode	**D**		habituée	naïve	portion	véronique
appliquée	décamètre		hiver		potard	
	démocrate				purin	

	1	2	3	4	5	6	7	8	9	10	11	12	13	14	15	16	17	18
1	T	N	E	M	E	L	P	M	A	D	E	R	A	I	D	I	R	P
2	R	O	R	A	F	L	E	D	E	M	O	C	R	A	T	E	U	O
3	I	I	U	E	O	U	E	R	F	F	O	G	U	E	U	X	E	P
4	B	T	S	D	E	N	O	C	I	A	E	R	I	U	M	B	T	U
5	U	R	E	A	E	U	E	X	T	A	S	E	O	R	C	C	A	L
6	G	O	R	P	L	L	T	E	R	O	S	O	B	T	U	R	E	A
7	N	P	U	A	E	E	E	I	G	E	R	S	P	U	I	Y	R	R
8	E	O	C	L	C	E	V	N	B	E	C	E	E	O	C	T	C	I
9	C	P	F	L	I	T	U	I	N	A	R	T	U	P	T	H	E	T
10	E	E	A	E	P	A	C	Q	N	O	H	T	A	L	O	A	E	E
11	U	S	C	U	E	U	E	F	I	S	B	E	E	E	F	N	R	R
12	Q	E	H	T	S	R	R	F	A	L	C	A	R	M	I	N	E	D
13	I	E	E	P	D	E	A	I	M	A	P	V	V	R	A	M	I	A
14	G	T	I	N	I	F	G	E	I	N	I	P	U	A	O	C	N	P
15	R	D	E	N	I	R	N	L	A	G	E	P	A	U	L	N	E	O
16	E	T	A	O	E	U	L	I	A	U	T	O	D	R	O	M	E	D
17	N	G	T	G	R	E	V	I	H	V	E	R	O	N	I	Q	U	E
18	E	R	E	E	R	E	A	R	G	U	E	D	E	P	L	O	Y	E

MOT DE 5 LETTRES

Arbre qui pousse au bord des rivières

A	C	émus	I	N	R	T
abrégé	calao	enfui	igname	nage	rampe	tabla
agape	calla	épair	K	O	rasta	tagal
algie	calvaire	F	koala	ouzos	repli	talon
ambles	courbatu	filin	L	P	S	tatou
ancien	cursif	G	liter	paillote	smala	thym
apprêt	D	gagman	longrine	paver	sommation	tolet
arbuste	dîneur	galber	M	ponant	soûle	tribune
aubère	E	gîter	madré	pouce	stalle	tripe
B	électorat	glissade	manchot	prame	suinté	
bilan	élégir		melba	préau	sumac	
bonze	emplâtre		miner	purgation		
brûlure						

	1	2	3	4	5	6	7	8	9	10	11	12	13	14	15	16	17	18
1	T	O	H	C	N	A	M	G	A	G	C	A	C	S	E	S	G	F
2	C	I	L	P	E	R	P	B	N	A	S	O	R	T	M	I	E	R
3	A	D	L	G	I	R	R	E	M	O	U	R	N	B	T	A	L	I
4	L	I	A	A	E	E	B	U	M	R	I	I	E	E	U	A	L	M
5	V	N	P	A	G	R	S	M	B	P	U	T	R	B	M	S	A	A
6	A	E	U	E	U	A	A	A	E	S	L	R	A	E	L	U	T	S
7	I	U	P	L	A	T	T	O	L	E	T	A	C	G	R	A	S	E
8	R	R	U	A	I	U	F	N	E	P	A	M	T	U	R	D	G	L
9	E	R	E	O	I	U	B	U	G	O	R	P	H	R	R	U	A	B
10	E	I	N	T	B	L	O	E	I	U	O	E	Y	L	E	S	P	M
11	A	G	U	N	T	O	L	T	R	C	T	E	M	A	R	P	I	A
12	B	N	B	A	A	C	N	O	A	E	C	N	E	I	C	N	A	F
13	L	A	I	N	L	L	A	Z	T	T	E	A	E	O	U	Z	O	S
14	E	M	R	O	O	E	I	L	E	E	L	K	L	A	T	M	P	L
15	M	E	T	P	N	T	A	B	L	A	E	O	U	G	R	I	A	I
16	E	N	I	R	G	N	O	L	C	A	L	A	O	A	I	N	V	T
17	N	I	L	I	F	A	P	P	R	E	T	L	S	P	P	E	E	E
18	E	D	A	S	S	I	L	G	A	T	S	A	R	E	E	R	R	R

MOT DE 8 LETTRES

Déniaiser

A	catch	E	féroce	hoyau	M	repos
aisés	cavet	ébonite	filou	hure	monté	river
amies	cobra	élancé	forci	I	mygale	roche
antiquité	combo	ergol	fuser	îlien	O	roide
appel	coton	ersatz	G	imper	objet	rouge
avion	créer	étang	gémir	infra	P	S
B	D	évasée	gingival	L	panic	sapes
broncher	décalage	F	gonne	laque	pékan	sioux
brunch	démanché	facétie	H	livrée	principal	V
C	dépit	façon	hermétique	lugubre	R	vulgo
canoéiste	ding	fédéré	hiatal		réglée	
carrare					regrossir	

	1	2	3	4	5	6	7	8	9	10	11	12	13	14	15	16	17	18
1	T	S	D	E	M	A	N	C	H	E	T	E	T	I	P	E	D	E
2	F	E	E	R	O	U	G	E	C	C	E	E	E	V	D	G	I	T
3	L	A	V	I	G	N	I	G	T	R	J	R	T	R	U	A	N	S
4	E	B	C	A	M	P	L	H	A	E	B	V	N	E	G	L	G	I
5	N	E	R	E	C	A	I	O	C	E	O	I	O	G	O	A	G	E
6	E	A	D	O	T	N	E	Y	S	R	H	L	M	L	N	C	C	O
7	R	S	K	I	N	I	N	A	F	E	R	O	C	E	N	E	O	N
8	S	L	N	E	O	C	E	U	R	G	N	A	T	E	E	D	B	A
9	A	O	O	R	P	R	H	M	R	E	G	R	O	S	S	I	R	C
10	T	G	T	U	E	E	E	E	A	P	R	I	N	C	I	P	A	L
11	Z	R	O	H	C	T	E	B	R	U	N	C	H	I	A	T	A	L
12	L	E	C	N	I	T	E	T	I	U	Q	I	T	N	A	I	E	A
13	E	O	A	Q	I	S	E	G	R	N	N	L	E	E	S	A	V	E
14	R	L	U	N	E	L	E	E	O	F	F	R	A	E	I	I	U	C
15	E	E	O	P	A	M	V	C	R	E	P	O	S	Q	O	M	O	O
16	D	B	A	G	I	I	A	A	P	P	E	L	R	N	U	P	L	M
17	E	S	Y	R	R	F	E	R	B	U	G	U	L	C	X	E	I	B
18	F	M	E	R	A	R	R	A	C	R	E	S	U	F	I	R	F	O

MOT DE 6 LETTRES

JEU 43

Aguerris

A	barber	créner	F	I	O	T
abatage	bêlant	cuisinant	fauve	idées	oléum	tomer
abîmer	biaisé	D	G	L	P	U
aches	blessant	docks	gavotte	laids	pépée	union
aimant	bolide	donjon	gazonnage	ledit	pointure	V
alcalis	C	E	girouette	lexis	S	vodka
anachronique	cabré	éliminer	godiller	logos	saindoux	
appesanti	cétane	énervés	gouleyant	M	saucier	
aramon	cette	éploré	guède	mince	sciage	
B	chat	estrade	H	motrice	senestre	
bâcher	chèvre	exacerbé	haleur	N	suret	
balle				navel		

	1	2	3	4	5	6	7	8	9	10	11	12	13	14	15	16	17	18
1	E	S	G	R	S	E	U	Q	I	N	O	R	H	C	A	N	A	R
2	C	R	C	O	E	A	B	O	L	I	D	E	P	E	P	E	E	E
3	I	A	U	I	D	B	I	C	E	T	T	E	U	N	I	O	N	N
4	R	S	I	T	A	I	R	N	G	I	R	O	U	E	T	T	E	E
5	T	E	S	M	N	G	L	A	D	A	E	L	I	M	I	N	E	R
6	O	N	I	S	A	I	E	L	B	O	A	E	S	I	A	I	B	C
7	M	E	N	G	E	N	O	A	E	I	U	E	T	T	O	V	A	G
8	E	S	A	U	R	V	T	P	D	R	E	X	N	O	M	A	R	A
9	D	T	N	E	I	A	R	S	A	P	P	E	S	A	N	T	I	E
10	A	R	T	D	G	R	G	E	B	A	L	L	E	D	I	T	V	S
11	R	E	E	E	U	A	D	O	N	J	O	N	R	O	O	U	O	N
12	T	E	B	E	L	A	N	T	U	E	R	R	V	M	A	G	A	S
13	S	B	L	E	S	S	A	N	T	L	E	M	E	F	O	V	I	C
14	E	A	R	E	H	C	A	B	O	M	E	R	H	L	E	L	E	D
15	H	S	A	U	C	I	E	R	I	Z	U	Y	C	L	A	T	C	O
16	C	E	X	A	C	E	R	B	E	P	A	E	A	C	A	A	N	C
17	A	C	A	B	R	E	A	K	D	O	V	G	L	N	U	H	I	K
18	S	T	E	R	U	S	L	E	X	I	S	A	E	O	T	C	M	S

MOT DE 4 LETTRES

Chanson

A	cluse	F	H	O	R	soliste
acides	comme	filtrat	haridelle	obéir	recruteur	suivre
anapeste	conte	flapi	huppe	onagre	regain	T
apostolat	crépine	fonds	I	orage	rincer	tabac
après	cueva	fourrés	incarné	P	riyal	V
aracée	D	G	instituteur	papetier	rompre	voiture
arole	décrire	gilet	L	pécore	rubidium	Z
aviso	dénudé	glaive	lepte	pinière	ruelle	zandé
C	E	griffer	lofer	platinage	S	
campé	embué	grimpeur	longer	prône	saoul	
charcuter	épulide		N		schuss	
cireux			narrateur		sécant	

	1	2	3	4	5	6	7	8	9	10	11	12	13	14	15	16	17	18
1	C	O	E	E	S	A	E	E	L	E	R	C	Z	O	S	I	V	A
2	R	R	T	C	S	V	P	U	A	E	R	A	A	O	I	O	R	M
3	E	A	P	E	I	U	O	O	F	N	N	P	L	M	I	R	U	R
4	P	G	E	A	L	A	L	O	S	D	A	I	M	T	P	I	E	U
5	I	E	L	I	S	I	L	C	E	T	S	P	U	O	D	E	T	E
6	N	G	D	L	O	N	G	E	R	T	O	R	E	I	R	B	U	P
7	E	E	S	E	C	A	N	T	E	P	E	L	B	S	F	O	T	M
8	C	H	A	R	C	U	T	E	R	L	R	U	A	L	T	X	I	I
9	S	E	E	C	E	A	F	A	R	A	R	I	A	T	U	E	T	R
10	S	E	R	T	O	O	B	R	E	T	R	P	Y	E	F	S	S	G
11	U	E	N	I	U	M	E	A	I	I	I	P	R	A	I	U	N	A
12	H	O	D	R	R	G	M	C	T	N	N	I	E	R	L	I	I	V
13	C	P	R	I	A	C	D	E	E	A	C	N	F	O	T	V	E	E
14	S	E	R	I	C	C	E	E	P	G	E	I	F	L	R	R	M	U
15	S	D	N	O	F	A	N	D	A	E	R	E	I	E	A	E	B	C
16	E	R	G	A	N	O	U	I	P	N	A	R	R	A	T	E	U	R
17	R	U	E	L	L	E	D	I	R	A	H	E	G	A	P	R	E	S
18	E	P	P	U	H	P	E	C	O	R	E	C	R	U	T	E	U	R

MOT DE 8 LETTRES

Entaille

A	craché	**F**	grimaud	**M**
agitées	culasse	fange	guète	merle
algèbres	**D**	fausset	guise	messire
amine	décentrer	florilège	**H**	**N**
axel	délivras	fougue	hysope	nimbe
B	demain	**G**	**I**	**O**
bestial	démoli	gades	irait	obstiné
bette	**E**	généralat	**L**	orant
bifide	engins	glapir	linier	**P**
C	éreinteur	gravillon	litée	penser
calier	esclaffer	grèbe		placer
cogérer	estafilade			

pouffer	sterne
protégé	suintant
R	**Z**
regardé	zombie
remblai	
répété	
résidentiel	
S	
saurin	
sentine	
songerie	

	1	2	3	4	5	6	7	8	9	10	11	12	13	14	15	16	17	18
1	E	T	E	D	E	P	R	O	T	E	G	E	N	G	U	E	T	E
2	G	N	U	E	A	E	C	Z	B	A	E	I	R	E	G	N	O	S
3	R	A	G	L	D	G	S	A	O	E	X	D	E	M	O	L	I	A
4	E	R	U	I	R	I	I	I	L	M	T	E	R	L	T	I	A	U
5	B	O	O	V	N	I	F	T	U	I	B	T	L	E	R	T	G	R
6	E	R	F	R	A	S	P	I	E	G	E	I	E	D	P	E	U	I
7	R	E	C	A	L	P	E	A	B	E	V	R	E	R	N	E	M	N
8	I	S	T	S	G	A	N	R	L	A	S	C	E	E	T	F	T	L
9	S	I	N	N	E	M	S	I	R	G	E	R	R	N	A	N	A	E
10	S	D	A	I	B	I	E	G	R	N	E	A	I	U	G	I	R	R
11	E	E	T	M	R	N	R	E	T	G	L	E	S	A	T	A	E	C
12	M	N	N	B	E	E	F	R	O	A	R	S	D	S	M	M	I	R
13	F	T	I	E	S	F	E	C	T	E	E	E	E	R	B	E	N	A
14	A	I	U	T	A	R	E	N	I	T	S	B	O	L	A	D	I	C
15	N	E	S	L	N	E	S	T	A	F	I	L	A	D	E	G	L	H
16	G	L	C	S	T	E	R	N	E	G	R	I	M	A	U	D	E	E
17	E	S	C	U	L	A	S	S	E	P	O	U	F	F	E	R	U	R
18	E	R	E	P	O	S	Y	H	E	E	G	E	L	I	R	O	L	F

MOT DE 5 LETTRES

Défense de sanglier

A	B	coulée	G	J	P	signe
abondants	bagage	cumin	gauchi	jeans	pensionnat	sprat
accon	barn	E	gêneur	K	pilum	stérer
alevinier	billon	élite	grader	kali	R	stock
amers	boîtier	étampe	gréage	kilim	rémige	T
amure	brio	étêter	grill	L	rentraire	talent
arrosage	C	étrave	I	lamie	reteint	téflon
atténuer	canon	F	idem	M	rhème	tonka
autel	cassis	fanon	imbibé	miaou	rober	totem
avancerai	chape	fanti	impie	muter	routinier	V
	coranique		impôt	N	S	vanillé
			irrespect	nonne	sampot	
					sélect	

	1	2	3	4	5	6	7	8	9	10	11	12	13	14	15	16	17	18
1	R	E	B	O	R	E	I	F	R	E	U	N	E	T	T	A	S	N
2	R	F	T	O	T	E	M	H	A	U	T	E	L	C	N	A	I	O
3	E	S	A	E	I	I	B	E	C	N	L	D	E	H	E	M	S	L
4	N	T	T	N	L	R	I	A	I	U	O	L	T	A	L	U	S	L
5	T	E	L	I	T	E	B	A	O	P	A	N	R	P	A	R	A	I
6	R	R	K	A	L	I	E	C	M	M	M	G	A	E	T	E	C	B
7	A	E	R	O	U	T	I	N	I	E	R	I	V	A	C	C	O	N
8	I	R	E	I	N	I	V	E	L	A	R	R	E	I	T	I	O	B
9	R	H	E	M	E	T	A	N	N	O	I	S	N	E	P	C	T	S
10	E	L	L	I	N	A	V	T	M	E	A	D	I	S	O	O	N	B
11	A	E	T	A	M	P	E	U	C	B	N	A	E	R	P	A	A	R
12	R	R	O	K	C	O	T	S	O	E	R	G	A	M	E	R	U	R
13	R	E	P	N	G	E	B	N	G	E	P	N	I	J	N	E	A	E
14	O	M	M	O	R	A	D	M	C	R	I	S	G	S	N	D	C	T
15	S	I	A	T	G	A	U	N	I	Q	E	R	E	E	O	A	U	E
16	A	G	S	A	N	L	A	U	U	A	I	A	G	R	N	R	M	I
17	G	E	G	T	I	V	T	E	F	L	O	N	G	O	R	G	I	N
18	E	E	S	P	A	T	C	E	L	E	S	U	N	E	E	I	N	T

MOT DE 5 LETTRES

Formé de sel

A	B	C	D	H	M		
agressé	bobine		dénoué	hébété	marbrer	prestes	sotte
aléa	boomerang	canine	diabète	hindou	moëre	primo	sujet
alopécie	break	chamoiser	drummer		motard		sûreté
amusette	burnous	chili		I		Q	
aquarium		clocharde	E	inélégant	N	quand	T
areu		coutre	émule		neuvaine		taller
aspic		croche	enflé	J	nièce	R	tiens
axone				jeter		ripou	tutie
			F	jules	P	ronéo	
			foulées		peller	rouquine	U
			futé	K	pomme		unité
				ketmie	potin	S	
			G			séant	V
			gélatinée	L		secours	vesou
				lancée		serrer	visuel

	1	2	3	4	5	6	7	8	9	10	11	12	13	14	15	16	17	18
1	E	S	S	E	R	G	A	H	I	N	D	O	U	K	N	S	D	A
2	C	I	P	S	A	G	E	L	A	T	I	N	E	E	A	E	L	A
3	H	M	R	R	R	E	M	M	U	R	D	R	U	N	N	E	L	L
4	A	A	O	U	E	T	E	B	E	H	E	V	E	O	O	A	R	E
5	M	R	U	O	E	N	I	N	A	C	A	L	U	L	N	R	L	B
6	O	B	Q	C	B	L	U	T	O	I	R	E	L	C	L	F	K	R
7	I	R	U	E	B	O	B	I	N	E	B	D	E	E	N	A	E	I
8	S	E	I	S	E	M	O	E	R	E	O	E	I	E	P	X	T	T
9	E	R	N	C	S	V	P	R	I	M	O	D	R	A	T	O	M	A
10	R	T	E	E	U	U	E	P	O	M	M	E	A	E	B	N	I	B
11	E	I	N	N	D	S	R	S	U	J	E	T	Q	S	M	E	E	E
12	N	I	I	A	P	R	P	E	O	E	R	T	U	O	C	U	T	S
13	S	T	C	O	G	R	A	J	T	U	A	O	A	C	O	T	L	E
14	E	C	T	E	E	E	U	H	T	E	N	S	R	P	E	J	Q	E
15	A	I	H	S	P	L	L	I	C	R	G	O	I	S	I	E	U	L
16	N	R	T	I	E	O	E	E	U	O	C	R	U	I	T	T	A	U
17	T	E	E	S	L	N	L	B	N	H	L	M	M	U	U	E	N	O
18	S	L	E	U	S	I	V	A	E	I	A	C	F	N	T	R	D	F

MOT DE 9 LETTRES

Titrer

A	C	E	foutu	L	P	S
agoutis	caler	écarlate	fredaine	litige	pépie	sentir
alitées	canna	éclipser	G	M	pinson	sismal
apparence	coins	égard	gaïac	major	pogné	smolt
arobe	D	email	glaçon	malles	potentat	T
asséché	damer	entaille	grature	manne	provoquées	toast
asti	dégel	épouse	grêle	mordu	Q	U
atémi	dépravé	epsilon	I	N	queue	usiner
avoir	détaxé	F	indou	napel	R	V
B	dolmen	fleur	inquiète	O	rédaction	vacant
bermuda		flirt	ivoire	obèse	régir	
brelan				ouste	rivale	
				ovée		

	1	2	3	4	5	6	7	8	9	10	11	12	13	14	15	16	17	18
1	Q	S	N	T	E	R	E	E	O	S	E	A	T	N	A	S	I	I
2	U	M	A	R	L	O	S	X	U	N	L	T	O	N	E	S	N	E
3	E	O	P	I	A	J	U	A	S	I	N	I	E	N	A	D	T	R
4	U	L	E	L	V	A	O	T	T	O	T	D	T	I	O	C	U	I
5	E	T	L	F	I	M	P	E	E	C	O	I	E	U	U	E	A	O
6	T	H	U	I	R	A	E	D	A	L	R	N	I	P	L	Q	E	V
7	C	U	C	O	A	S	M	D	M	E	N	B	R	F	L	P	N	I
8	O	A	D	E	F	T	E	E	M	A	E	O	G	A	S	O	F	I
9	C	V	I	R	S	R	N	A	M	R	V	L	M	I	A	T	R	A
10	B	A	E	A	O	S	D	E	M	O	A	S	L	C	T	E	E	G
11	T	R	L	E	G	M	A	U	Q	C	I	O	A	T	E	N	D	O
12	O	E	E	E	C	L	D	U	O	S	N	N	U	U	M	T	A	U
13	A	G	R	L	R	A	E	N	O	S	N	I	P	S	I	A	I	T
14	S	I	G	I	A	E	R	G	R	A	T	U	R	E	I	T	N	I
15	T	R	O	L	S	N	G	L	E	I	P	E	P	O	G	N	E	S
16	E	V	A	R	P	E	D	A	A	D	M	A	L	L	E	S	E	E
17	A	E	C	L	I	P	S	E	R	T	A	R	O	B	E	S	E	R
18	A	P	P	A	R	E	N	C	E	D	E	R	E	G	I	T	I	L

MOT DE 8 LETTRES

Dépouiller

A	compiler	F	M	pères	S	U
amarante	condom	fausse	maire	plusieurs	séduit	usées
amoindrir	cotre	frimer	mégarde	promené	serviette	V
anche	crosne	G	miens	puits	sisal	vériste
arçon	D	guêpes	miséreux	R	T	voiles
B	daïquiri	H	O	rapace	tapis	
bardeaux	dévaler	haies	obsession	repas	terminé	
bocal	dirigé	hareng	octroi	robre	tiède	
C	divis	havre	P	robuste	trembler	
cabus	E	L	palliatif	rouet	tsigane	
calot	éborgné	licorne	patio		tsuba	
célesta	engainer	limnée	patte			

	1	2	3	4	5	6	7	8	9	10	11	12	13	14	15	16	17	18
1	N	O	C	R	A	B	U	S	T	N	O	I	S	S	E	S	B	O
2	G	U	E	P	E	S	D	E	I	I	R	I	U	Q	I	A	D	A
3	E	S	T	I	U	P	S	C	M	P	V	B	E	O	G	L	M	S
4	T	S	I	G	A	N	E	A	O	I	A	N	R	E	I	O	T	E
5	R	E	L	A	V	E	D	P	D	C	E	T	T	M	I	E	R	R
6	E	S	E	A	F	L	U	A	N	M	C	S	N	N	R	U	E	V
7	B	E	T	L	S	I	I	R	O	O	I	E	D	M	R	S	N	I
8	O	R	S	A	E	C	T	R	C	R	E	R	I	E	T	E	I	E
9	R	E	U	S	I	O	P	A	E	R	I	N	P	M	R	E	A	T
10	G	P	B	I	A	R	N	V	I	R	E	A	I	I	E	S	G	T
11	N	E	O	S	H	N	E	X	B	L	S	A	A	E	M	S	N	E
12	E	D	R	A	G	E	M	M	U	A	L	M	T	N	B	U	E	E
13	R	E	L	I	P	M	O	C	I	E	R	A	D	S	L	A	R	R
14	T	I	R	O	B	R	E	R	A	R	R	D	P	I	E	F	A	V
15	O	T	A	M	A	R	A	N	T	E	F	E	E	A	R	L	H	A
16	C	R	O	S	N	E	C	T	E	U	O	R	S	A	T	I	E	H
17	P	A	T	T	E	H	T	O	L	A	C	O	B	I	U	I	G	C
18	V	O	I	L	E	S	R	U	E	I	S	U	L	P	M	X	O	E

MOT DE 5 LETTRES

Petit sentier

A	battu	**D**	**F**	lavis	**R**	**T**
abord	bedon	décapoter	fauter	lotus	raire	targui
accès	besace	délai	**G**	**N**	rembarrer	tasse
acier	bigue	denté	gusse	négus	renoter	terne
acquise	bœuf	détachage	**H**	noèse	rescousse	tique
actuels	borne	dodus	haïku	**O**	roseur	tuage
ailes	**C**	ducat	hyène	officieux	**S**	**W**
ascète	calmer	**E**	**I**	ombre	sapajou	winch
aseptisé	coiffe	ébrouer	ionique	ondin	sèchement	
B	consenti	éludé	**L**	**P**	sorti	
badin		encens	lacune	pastiche	studieux	
barquette			larbin	perdue		
				piochon		

	1	2	3	4	5	6	7	8	9	10	11	12	13	14	15	16	17	18
1	E	S	E	O	N	S	U	G	E	N	E	N	R	E	T	U	A	F
2	D	R	S	U	T	O	L	B	E	E	G	A	H	C	A	T	E	D
3	E	E	L	R	Q	S	D	S	O	E	E	A	C	Q	U	I	S	E
4	N	T	A	E	I	I	S	E	T	R	B	O	N	L	A	V	I	S
5	T	O	R	T	U	U	T	E	B	A	N	E	I	T	A	C	U	D
6	E	P	B	O	G	I	C	M	R	S	D	E	W	T	A	S	S	E
7	R	A	I	N	R	S	O	Q	E	S	E	C	H	E	M	E	N	T
8	E	C	N	E	A	S	U	N	R	P	L	S	U	O	A	L	E	S
9	R	E	X	R	T	E	T	E	I	R	A	K	A	C	N	U	U	N
10	R	D	A	U	T	I	M	U	E	Q	I	S	T	P	E	D	G	E
11	A	N	S	T	E	L	P	S	D	A	U	U	T	B	A	E	I	C
12	B	S	E	E	A	I	C	I	H	I	E	E	R	I	A	J	B	N
13	M	E	P	C	T	O	C	N	O	L	E	O	T	O	C	T	O	E
14	E	L	T	A	U	A	I	I	S	C	U	U	A	B	S	H	T	U
15	R	I	I	S	A	C	T	D	F	E	H	B	X	O	Y	E	E	U
16	I	A	S	E	G	C	R	A	R	F	O	O	P	E	R	D	U	E
17	A	E	E	B	E	E	O	B	E	R	O	E	N	U	C	A	L	R
18	R	E	I	C	A	S	S	U	D	O	D	E	E	F	F	I	O	C

MOT DE 10 LETTRES

JEU 51

Instaurer

A	boréal	D	G	M	P	S
adsorbé	bouif	débrouillé	gobes	merisier	pesse	sahib
aigri	boule	démis	grossesse	moufle	possessif	sloop
alouates	C	E	guenon	mugir	prévu	solfège
altos	calage	égaré	J	N	propice	T
anges	cancer	éloge	judas	noiraud	R	tequila
appauvri	célibataire	exigé	K	nôtre	rabâcheur	U
assainir	changées	F	kabig	O	réaliser	urubu
autrefois	chargée	flag	L	oblat	repentir	V
B	chéri	flanelle	luter	otarie	roulis	vêtir
bâclé	courbé				ruiné	vieillesse
bévue						

	1	2	3	4	5	6	7	8	9	10	11	12	13	14	15	16	17	18
1	S	L	O	O	P	S	A	D	U	J	A	L	O	U	A	T	E	S
2	E	G	A	R	E	L	F	U	O	M	F	I	U	O	B	B	E	F
3	E	G	E	F	L	O	S	M	E	R	I	S	I	E	R	S	L	R
4	C	V	R	I	T	N	E	P	E	R	A	L	T	O	S	A	A	C
5	U	K	A	B	I	G	P	A	D	E	M	I	S	E	N	B	E	H
6	E	B	R	U	O	C	N	O	O	C	N	D	S	E	A	S	R	E
7	C	T	I	L	I	G	V	D	S	R	A	S	L	C	L	R	O	R
8	I	A	E	H	E	R	U	E	E	S	O	L	H	A	I	I	B	I
9	P	L	N	S	A	A	V	S	T	R	E	E	A	I	U	N	T	A
10	O	B	I	C	R	S	I	U	G	I	U	S	C	G	Q	I	E	T
11	R	O	O	I	E	L	R	E	A	R	R	H	S	R	E	A	I	A
12	P	I	O	U	A	R	U	G	L	P	A	R	T	I	T	S	R	B
13	E	N	G	E	L	E	I	I	F	R	P	G	O	R	F	S	A	I
14	E	U	R	U	L	E	N	X	G	U	E	A	U	U	E	A	T	L
15	S	R	V	C	M	S	E	E	G	N	A	H	C	E	L	T	O	E
16	S	U	A	E	V	I	E	I	L	L	E	S	S	E	N	I	U	C
17	E	B	G	O	B	E	S	I	O	F	E	R	T	U	A	O	S	L
18	P	U	D	E	B	R	O	U	I	L	L	E	R	T	O	N	N	R

MOT DE 12 LETTRES

Ajusteur

A	C	E	G	N	Q	S
abbés	canneur	écher	girafe	nager	quasi	salmis
abers	capon	écrevisse	green	napée	quipu	saturne
arcane	chevrette	engloutir	grelot	noir	**R**	senti
arène	cible	enjeu	grené	nopal	retenus	slavon
argenté	créativité	étiré	**L**	**O**	rimes	**T**
aster	crise	**F**	lestes	occlusion	roiller	toupie
B	**D**	fabuleuse	litre	ortie	romanesque	
balsamine	défilé	fiche	lucre	**P**	ronce	
bissac	défroquer	frire	**M**	paré	royal	
blaff	dires		masses	plutonien		
			médoc	poser		
			moche			

	1	2	3	4	5	6	7	8	9	10	11	12	13	14	15	16	17	18
1	B	P	C	S	D	G	R	E	N	E	F	L	T	I	S	D	P	E
2	I	A	A	R	E	I	N	O	R	A	A	O	E	E	E	N	L	Q
3	S	R	N	E	F	R	V	I	B	Y	U	R	B	F	A	B	U	N
4	S	E	N	B	I	A	R	U	O	P	T	B	R	G	I	I	T	A
5	A	C	E	A	L	F	L	R	I	I	A	O	E	C	P	D	O	P
6	C	R	U	S	E	E	G	E	L	S	Q	R	R	U	S	I	N	E
7	T	E	R	L	U	N	A	R	A	U	R	L	N	E	L	R	I	E
8	E	V	A	S	U	A	E	T	E	T	G	E	R	O	T	E	E	U
9	N	I	E	E	E	C	U	R	N	E	S	R	T	E	P	S	N	Q
10	I	S	S	T	J	R	R	L	A	O	N	E	E	E	S	A	A	S
11	M	S	I	S	N	A	A	E	S	I	I	G	S	L	N	O	C	E
12	A	E	M	E	E	P	E	E	S	T	A	S	L	S	O	U	P	N
13	S	R	L	L	O	S	M	A	N	O	I	R	U	O	A	T	S	A
14	L	O	A	N	I	I	U	E	R	I	T	E	G	L	U	M	E	M
15	A	N	S	R	R	Q	S	B	L	A	F	F	U	E	C	T	O	O
16	B	C	C	F	I	C	H	E	V	R	E	T	T	E	N	C	I	R
17	M	E	D	O	C	R	E	A	T	I	V	I	T	E	H	T	O	R
18	E	I	T	R	O	R	R	E	L	L	I	O	R	E	C	H	E	R

MOT DE 9 LETTRES

Abusifs

A	C	dérision	G	L	P	T
accepté	cependant	devenir	goura	liber	pâque	toiture
acquis	chair	duvet	groin	lisser	piler	transpercer
ajourné	cleptomane	**E**	**I**	**M**	plumail	**V**
alifère	coulantes	élocution	ibidem	manger	**R**	veuvage
ammi	cours	étole	immuniser	merci	récépissé	vichy
arrêtoir	crave	être	inhabité	**N**	recès	vider
B	**D**	évalué	invité	naskapi	**S**	virginal
benoît	daterie	**F**	**J**	nasse	stemm	vraie
bismuth	déboucler	farsi	jachère	nitescence	stucateur	
broder	défet					

	1	2	3	4	5	6	7	8	9	10	11	12	13	14	15	16	17	18
1	B	R	E	C	R	E	P	S	N	A	R	T	M	P	I	E	R	S
2	E	I	I	L	A	N	I	G	R	I	V	E	A	C	R	E	I	T
3	N	E	R	E	F	I	L	A	A	R	D	Q	R	E	D	P	O	U
4	O	C	E	E	M	M	E	H	E	I	U	E	H	O	M	L	T	C
5	I	N	T	M	L	V	C	S	B	E	M	C	R	E	L	U	E	A
6	T	E	A	E	A	O	I	I	I	E	A	B	I	I	I	M	R	T
7	U	C	D	L	T	N	T	O	S	J	T	A	D	R	S	A	R	E
8	C	S	U	E	U	I	E	E	M	C	R	P	E	R	S	I	A	U
9	O	E	T	M	M	T	B	V	U	V	O	C	E	R	E	L	O	R
10	L	T	M	N	I	M	I	A	T	C	E	U	E	C	R	C	E	N
11	E	I	A	V	A	C	E	M	H	P	O	L	L	L	C	L	E	A
12	E	N	N	J	H	D	A	T	I	N	C	U	T	A	I	A	T	S
13	G	I	R	Y	O	N	N	S	S	U	I	E	R	P	N	B	R	S
14	A	R	U	O	G	U	S	E	O	E	F	A	R	S	I	T	E	E
15	V	I	D	E	R	E	R	B	P	E	R	U	T	I	O	T	E	R
16	U	G	R	O	I	N	E	N	D	E	S	S	I	U	Q	C	A	S
17	E	V	A	R	C	D	U	V	E	T	C	I	P	A	K	S	A	N
18	V	C	L	E	P	T	O	M	A	N	E	R	I	N	E	V	E	D

MOT DE 4 LETTRES

Noble

A	colza	escarpés	H	O	S	tulle
abriter	cordage	étriper	horoscope	obit	salissure	turbo
accolé	D	F	hôtel	opéra	samba	U
acrobate	déblai	faveur	K	opprimant	secourant	utilitaire
arête	desservi	ficelle	kapok	P	séduction	
arqué	E	fragmenté	L	pavois	sirtaki	
avaliseur	ébats	fringué	locus	polio	spahi	
B	édifié	fumet	M	populacier	surimposé	
batée	élément	G	membru	privation	T	
C	embêté	geôle	mitan	prussiate	théier	
celui	épigramme		N	R	tréma	
citrouille			nuage	rémiz		

	1	2	3	4	5	6	7	8	9	10	11	12	13	14	15	16	17	18
1	T	T	L	R	E	I	C	A	L	U	P	O	P	R	R	E	E	E
2	E	H	N	O	N	T	C	T	U	L	L	E	E	E	L	I	U	T
3	M	A	E	E	C	O	E	O	B	I	T	M	P	O	E	K	G	N
4	U	B	R	I	M	U	I	R	L	N	I	I	C	S	A	A	N	E
5	F	R	E	U	E	E	S	T	A	Z	R	C	O	P	E	T	I	M
6	P	I	D	L	E	R	L	R	C	T	A	P	O	E	R	R	R	G
7	R	T	I	E	H	S	U	E	E	U	M	K	L	E	I	I	F	A
8	U	E	F	C	S	O	I	N	E	I	D	L	A	S	A	S	I	R
9	S	R	I	A	C	S	A	L	R	T	E	E	I	C	T	C	A	F
10	S	E	E	E	V	T	E	U	A	C	E	O	S	A	I	O	L	A
11	I	M	S	U	I	E	S	R	I	V	V	B	A	R	L	R	B	C
12	A	M	E	M	B	R	U	F	V	A	A	R	M	P	I	D	E	R
13	T	A	E	U	Q	R	A	R	P	I	T	U	B	E	T	A	D	O
14	E	R	N	O	I	T	A	V	I	R	P	T	A	S	U	G	T	B
15	B	G	U	H	E	P	O	C	S	O	R	O	H	O	P	E	R	A
16	A	I	A	G	E	O	L	E	S	A	L	I	S	S	U	R	E	T
17	T	P	G	H	O	T	E	L	L	I	U	O	R	T	I	C	M	E
18	S	E	E	T	N	A	M	I	R	P	P	P	O	I	L	O	P	A	E

MOT DE 4 LETTRES

JEU 55

Faon

A	cirque	épine	**G**	**L**
accaparés	copra	éristale	génie	lésine
ajour	crénelé	erseau	glande	**M**
analyse	curare	étalager	**I**	magicien
aurifère	**D**	excessive	imago	marasque
B	dégarnir	**F**	ipomée	monde
baie	délarder	fascié	**J**	murer
banni	détracté	fois	jambes	**N**
bleu	diabolo	fouet	journal	nœud
C	**E**	frayer	**K**	**O**
chaîne	empan	frère	karaté	obier
ciels	empoter			obnubilé

P	**S**
péage	saint
picardan	serment
pincer	**V**
plage	vertes
poêle	vieilles
poule	
R	
raidir	
râler	
ramée	
rusée	

	1	2	3	4	5	6	7	8	9	10	11	12	13	14	15	16	17	18
1	F	A	S	C	I	E	I	A	F	B	D	U	O	E	M	P	A	N
2	E	E	D	O	V	E	N	J	O	L	A	B	T	M	U	R	E	R
3	R	T	E	P	I	E	N	O	I	E	N	C	F	R	A	Y	E	R
4	I	A	L	R	E	M	A	U	S	U	A	J	M	R	P	A	M	E
5	S	L	A	A	I	O	B	R	B	R	A	A	E	L	C	C	A	D
6	T	A	R	I	L	P	E	I	T	M	R	I	A	E	R	C	R	N
7	A	G	D	D	L	I	L	E	B	A	B	G	M	E	E	A	D	O
8	L	E	E	I	E	E	D	E	S	O	E	P	C	P	N	P	I	M
9	E	R	R	R	S	C	S	Q	G	A	O	N	F	O	E	A	A	C
10	E	R	E	F	I	R	U	A	E	T	I	O	G	E	L	R	B	U
11	D	R	E	R	P	E	M	X	E	P	U	N	S	L	E	E	O	R
12	F	E	Q	I	P	I	C	R	J	E	A	U	T	E	A	S	L	A
13	E	U	G	O	N	E	C	O	T	N	R	N	A	N	T	N	O	R
14	E	N	U	A	S	E	U	A	A	R	E	L	A	R	O	R	D	E
15	B	L	I	S	R	R	G	L	R	M	C	I	E	L	S	E	E	E
16	E	A	I	S	N	N	Y	A	R	D	E	T	A	R	A	K	U	V
17	I	V	I	A	E	S	I	E	E	M	A	G	I	C	I	E	N	D
18	E	M	L	E	E	L	S	R	E	P	I	N	E	N	I	A	H	C

MOT DE 4 LETTRES

Glapissement

A	bidet	D	G	N	R	T
agglutiner	boiter	délurer	gastrique	natal	raïta	thalle
agriote	bourse	denrée	géodésie	noueux	rictus	tissu
ajout	broyé	dyade	graine	O	rôti	toisons
allusif	brûler	E	I	ocrer	S	troué
anurie	butor	efficace	inuit	oncle	schéma	Y
apposé	C	éloigné	isatis	P	semer	yucca
arrhes	cahier	énéma	L	pistil	serbe	
atterrant	cahot	exigu	lebel	pralin	snack	
aumône	cartable	F	lettré	Q	sprue	
B	cavée	flatterie	M	quête	surah	
bémol	châle		macre			
bicycle	cœur		molybdène			

	1	2	3	4	5	6	7	8	9	10	11	12	13	14	15	16	17	18
1	E	S	G	P	E	A	G	G	L	U	T	I	N	E	R	L	A	E
2	S	A	U	E	I	R	E	T	T	A	L	F	R	R	O	O	I	B
3	O	T	J	T	O	S	C	C	N	O	B	T	A	M	E	R	T	F
4	P	E	I	O	C	D	T	A	O	A	T	R	E	R	U	M	I	I
5	P	E	F	S	U	I	E	I	M	E	R	B	U	N	R	S	E	E
6	A	E	T	F	S	T	R	S	L	A	U	R	A	L	U	H	D	S
7	E	C	X	E	I	U	B	O	I	T	E	R	E	L	E	A	E	E
8	E	S	A	I	U	C	R	T	S	E	T	K	L	T	Y	R	N	S
9	E	U	R	V	G	Q	A	A	C	N	O	A	C	D	T	G	E	G
10	A	L	R	U	E	U	M	C	H	O	H	L	N	A	I	A	L	A
11	T	G	A	P	O	E	O	C	E	M	A	E	O	O	N	I	B	S
12	O	R	R	H	S	B	L	U	M	U	C	B	L	I	I	I	S	A	T
13	I	A	B	I	C	N	Y	Y	A	A	M	E	N	E	L	A	T	R
14	S	I	I	N	O	A	B	R	E	R	U	L	E	D	A	T	R	I
15	O	N	D	U	C	T	D	E	L	C	Y	C	I	B	R	I	A	Q
16	N	E	E	I	R	A	E	C	A	H	I	E	R	O	P	S	C	U
17	S	U	T	T	E	L	N	B	U	T	O	R	U	S	E	R	B	E
18	X	E	Y	O	R	B	E	D	E	N	R	E	E	L	L	A	H	T

MOT DE 5 LETTRES

Grande course

A	D	F	I		Q	T
actuaires	démission	fauchard	ibère	minai	quêter	ténor
agréé	divisé	filao	J	moret	R	théine
algue	E	finir	jaillir	N	ratel	U
amant	ébahi	G	L	nenni	reflet	ubiquité
ascot	écaler	gamin	laiterie	O	réglo	V
B	emploi	geai	larvaire	obvie	rente	vélie
bardis	énervées	gourbi	latin	opercules	ressenti	vocable
béant	envoi	griffon	levée	P	rivet	
C	essieu	H	M	paroi	S	
cairn	estoquer	hardes	mandore	pédale	safran	
chapitre		hiatus	méninges	planage	saper	
chèque				poussé	série	
				prémices		

	1	2	3	4	5	6	7	8	9	10	11	12	13	14	15	16	17	18
1	N	S	R	E	F	L	E	T	O	D	R	N	O	T	N	A	E	B
2	I	E	S	E	R	I	E	A	E	N	V	O	I	B	R	U	O	G
3	T	G	E	E	L	V	L	T	N	A	M	A	N	M	V	R	Q	E
4	A	N	E	E	I	I	E	L	B	A	C	O	V	E	A	I	U	A
5	L	I	V	R	F	S	E	L	U	C	R	E	P	O	T	G	E	I
6	S	N	R	I	A	C	J	R	C	H	A	P	I	T	R	E	T	E
7	U	E	E	R	G	A	E	S	S	I	D	R	A	B	M	N	E	N
8	T	M	N	U	I	U	N	A	E	L	A	D	E	P	E	S	R	I
9	A	N	E	L	Q	A	N	P	E	E	V	E	L	S	S	E	S	E
10	I	O	L	O	R	E	R	E	N	T	E	O	S	I	A	C	E	H
11	H	I	T	F	N	L	H	R	G	A	I	E	E	F	L	I	R	T
12	R	S	A	N	B	P	A	C	E	R	R	U	Y	I	G	M	I	E
13	E	S	I	V	I	D	L	R	I	S	I	P	Q	N	U	E	A	C
14	M	I	A	S	C	O	T	A	V	H	S	F	A	I	E	R	U	A
15	O	M	N	R	E	G	L	O	N	A	A	U	F	R	B	P	T	L
16	R	E	I	R	E	T	I	A	L	A	I	B	O	O	O	U	C	E
17	E	D	M	M	A	N	D	O	R	E	G	R	E	P	N	I	A	R
18	T	S	E	D	R	A	H	C	U	A	F	E	E	I	B	E	R	E

MOT DE 6 LETTRES

Se vérifier (S')

A	C	E	G	J	P	S
achetées	cachou	éclat	gnôle	jusant	pagre	saillir
adénite	catcheuse	écoulé	gruyère	**L**	parturition	seoir
alcôve	celle	entamé	guelfe	leper	pénuries	shunt
aporie	clamp	envol	**H**	**M**	pesage	suppôt
aspect	coronelle	épier	hâlée	mégir	préfixe	**T**
B	cultivé	**F**	hissé	mitigé	procès	tenue
bauge	**D**	flots	**I**	moule	prose	**U**
biffé	dessalé	foncé	icelui	**O**	**R**	utile
boësse	doter	foule	inouïe	obèses	racle	**V**
bouliste	duplicité		islam		rapporteur	verge
					recompter	
					ruées	

	1	2	3	4	5	6	7	8	9	10	11	12	13	14	15	16	17	18
1	R	I	L	L	I	A	S	I	S	E	E	U	R	E	P	I	E	R
2	S	E	E	T	E	H	C	A	G	G	A	E	X	I	F	E	R	P
3	P	E	M	S	C	E	V	R	U	C	O	R	O	N	E	L	L	E
4	E	V	I	H	L	E	E	A	C	E	E	S	S	E	O	B	A	C
5	N	I	T	U	A	V	B	A	E	T	S	I	L	U	O	B	P	E
6	U	T	I	N	M	O	T	S	E	O	I	R	R	J	R	M	O	L
7	R	L	G	T	P	C	I	N	O	U	I	E	A	U	E	O	R	L
8	I	U	E	D	H	L	T	A	L	C	E	T	C	S	L	U	I	E
9	E	C	E	E	U	A	H	I	S	S	E	O	L	A	U	L	E	R
10	S	R	U	T	M	P	S	T	O	L	F	D	E	N	O	E	E	A
11	D	S	E	E	R	R	L	U	O	H	C	A	C	T	F	T	F	D
12	E	E	T	Y	E	O	I	I	O	B	E	S	E	S	P	O	T	E
13	E	E	S	O	U	L	P	G	C	I	S	L	A	M	N	L	E	N
14	E	F	C	S	P	R	I	P	E	I	P	R	O	C	E	S	N	I
15	N	L	F	O	A	P	G	T	A	M	T	C	E	P	S	A	U	T
16	V	E	O	I	U	L	U	E	U	R	E	E	E	L	A	H	E	E
17	O	U	R	N	B	L	E	S	O	R	P	R	P	E	S	A	G	E
18	L	G	P	A	G	R	E	N	O	I	T	I	R	U	T	R	A	P

MOT DE 10 LETTRES

Accrocher

A	C	E	H	P	S	texan
absorber	cafardeux	ébaudir	haché	pansu	saucisson	tracasser
accessits	cantal	écran	hermès	péricarde	saule	trajet
ainsi	censé	escarpées	L	piriforme	sérac	tremblote
arpion	collapsus	F	lignée	plasma	sermon	V
avers	curer	filière	linteau	populisme	T	versé
B	D	flacon	N	R	tangible	
brèche	dais	G	nocif	rapatrier	temps	
briska	débris	gamma	noria	récusé	tendu	
	déglaçant	groseille	nuque	retailler	terminaux	
	diane				terre	
	dysurie					

	1	2	3	4	5	6	7	8	9	10	11	12	13	14	15	16	17	18
1	U	T	A	G	R	O	S	E	I	L	L	E	E	A	M	M	A	G
2	S	R	S	I	P	O	P	U	L	I	S	M	E	E	N	G	I	L
3	N	E	R	A	N	O	C	A	L	F	E	B	A	U	D	I	R	L
4	A	I	E	P	U	S	E	E	P	R	A	C	S	E	M	R	E	H
5	P	R	T	E	L	L	I	E	E	P	E	R	I	C	A	R	D	E
6	T	T	A	S	S	A	E	S	A	C	C	E	S	S	I	T	S	N
7	E	A	I	N	O	S	S	I	C	U	A	S	S	E	R	A	C	A
8	R	P	L	E	U	A	C	M	D	Y	S	U	R	I	E	C	O	X
9	M	A	L	C	C	A	E	L	A	B	S	O	R	B	E	R	L	E
10	I	R	E	A	N	E	I	T	N	A	C	A	L	G	E	D	L	T
11	N	R	R	T	A	N	M	D	O	A	E	L	B	I	G	N	A	T
12	A	T	A	V	T	S	E	R	F	L	E	N	U	Q	U	E	P	T
13	U	L	E	E	E	B	E	A	O	N	B	H	O	D	A	I	S	R
14	X	R	A	R	R	H	R	N	O	F	E	M	C	I	N	T	U	A
15	S	U	M	I	C	D	A	R	I	S	I	O	E	A	P	E	S	J
16	P	O	S	E	E	R	I	C	R	C	U	R	E	R	H	R	T	E
17	N	K	R	U	C	A	O	E	R	E	I	L	I	F	T	R	A	T
18	A	B	X	E	E	N	V	E	N	A	I	D	S	P	M	E	T	R

MOT DE 4 LETTRES

Bombance

A	B	E	I	M	P	T
accru	bige	ébéniste	instinct	manse	piles	timon
ajouré	burka	élire	J	martyre	pizza	transi
alentours	C	empli	jenny	maser	pomper	travée
amusant	canot	enfieller	juteuse	mégacycle	réale	tutti
angon	câpre	escot	K	moulu	rigide	tuyau
appropriés	cippe	étier	karbau	N	S	V
aréna	combe	G	kefta	narguilé	sablé	verre
argovie	D	grana	L	noires	socle	vision
asple	damné	H	limer	nouille	structurer	Y
avarié	divulgué	hutte	loggia	O	suçoir	youpi
	donc			obséder		
				optimisme		

	1	2	3	4	5	6	7	8	9	10	11	12	13	14	15	16	17	18
1	R	I	O	C	U	S	K	T	K	E	N	A	P	T	U	Y	A	U
2	M	A	N	S	E	E	R	A	L	E	L	L	I	U	O	N	L	C
3	E	R	I	L	E	A	L	I	R	E	F	E	Z	O	E	U	O	E
4	R	A	I	S	V	D	U	A	N	B	I	T	Z	R	O	M	N	C
5	E	P	T	E	N	G	I	T	E	V	A	H	A	M	B	M	I	A
6	R	P	E	I	R	A	O	G	O	R	C	U	M	E	A	P	N	E
7	U	R	J	A	M	U	R	G	I	T	C	T	E	D	P	G	L	T
8	T	O	N	E	R	O	R	T	N	R	R	T	G	E	O	C	O	S
9	C	P	R	S	N	A	N	A	R	G	U	E	A	N	O	N	C	I
10	U	R	R	E	I	N	S	T	I	N	C	T	C	S	A	O	L	N
11	R	I	D	E	S	U	Y	E	T	I	E	R	Y	C	A	P	R	E
12	T	E	O	I	M	A	A	J	O	U	R	E	C	S	M	T	R	B
13	S	S	N	A	V	I	M	B	U	R	K	A	L	E	P	I	E	E
14	E	S	C	O	T	U	L	T	V	T	I	Y	E	R	O	M	D	S
15	E	I	R	A	V	A	L	E	U	G	E	O	L	I	M	I	E	A
16	V	I	S	I	O	N	R	G	G	T	E	U	P	O	P	S	S	B
17	M	A	R	T	Y	R	E	O	U	I	T	P	S	N	E	M	B	L
18	E	N	F	I	E	L	L	E	R	E	B	I	A	E	R	E	O	E

MOT DE 4 LETTRES

Inondé

A	brasser	F	H	libage	parmi	serran
abâtardir	breton	faner	haine	lompe	peluche	sexuel
acacia	C	faseyer	hébraïser	M	précis	sium
acidifier	choix	franc	homard	matinier	prote	T
aluns	chou	frein	I	mûrir	Q	tamponné
B	claquage	G	inculquer	N	quiet	tronc
barreaux	crécher	gains	iris	nabab	R	U
baver	D	gaur	J	nazi	rasette	uraète
berge	délicate	géode	jouir	O	rhinite	utérin
bibus	E	gland	L	ormet	rouir	V
bouffe	enfer	golfe	lanier	P	S	visa
boxer		gruau	laps	paner	saison	voirie
					parlé	sédatif	

	1	2	3	4	5	6	7	8	9	10	11	12	13	14	15	16	17	18
1	R	E	N	A	F	S	N	D	E	E	R	R	R	E	I	N	A	L
2	E	G	A	N	U	A	E	N	N	L	A	H	E	N	P	R	O	A
3	S	R	Z	B	R	L	N	I	O	I	S	I	F	S	A	M	I	P
4	I	E	I	R	I	O	A	M	R	B	E	N	N	R	N	B	O	S
5	A	B	E	C	P	H	A	R	M	A	T	I	E	E	I	U	A	L
6	R	S	A	M	S	T	F	A	E	G	T	T	G	P	D	R	L	B
7	B	T	A	N	I	A	S	P	T	E	E	E	C	L	R	O	U	A
8	E	T	I	N	S	E	E	I	R	I	O	V	R	B	A	O	E	M
9	H	A	I	E	D	A	C	I	D	I	F	I	E	R	A	N	T	G
10	G	E	Y	A	I	C	A	C	A	P	R	E	C	I	S	V	D	E
11	R	E	T	X	U	A	E	R	R	A	B	S	H	U	I	I	E	C
12	R	I	R	E	U	Q	L	U	C	N	I	A	E	O	U	S	L	R
13	F	S	N	Y	A	B	A	T	A	R	D	I	R	J	M	A	U	X
14	R	G	E	I	O	R	E	B	R	A	S	S	E	R	Q	A	I	F
15	O	A	O	X	E	I	U	B	R	E	T	O	N	U	U	O	R	C
16	U	U	E	L	U	R	U	T	E	R	I	N	A	R	H	A	H	D
17	I	R	E	Q	F	E	F	F	U	O	B	G	G	C	N	O	R	T
18	R	E	N	A	P	E	L	R	A	P	E	E	H	C	U	L	E	P

MOT DE 10 LETTRES

Alternat

A
abatis
actinites
anomalie
antan
appas
avent
B
bagou
brune

C
carde
carvi
cellulite
chêne
clair
concerter
cynodrome
D
décevant
désapprendre

E
envi
épaté
étager
exilé
G
gêner
goût
I
inflexion
irais
irascible

J
justice
L
lise
M
médiastin
mégère
P
paresser
périmer
plant

platement
poudreuse
probe
Q
quatorze
R
rata
recrue
réjoui
renaître

S
salinage
scanneur
sciène
sécateur
sieur
stipe
sural
surnommer
T
tarir

U
usant
V
vestibule
vinée

	1	2	3	4	5	6	7	8	9	10	11	12	13	14	15	16	17	18
1	R	P	E	R	I	M	E	R	E	E	G	S	I	R	A	I	S	A
2	U	T	R	E	N	E	G	D	N	O	L	P	A	P	A	Q	E	I
3	E	N	S	I	N	D	E	E	U	S	R	B	O	P	U	T	C	U
4	N	E	E	I	R	C	E	T	R	O	U	U	I	A	P	Y	A	O
5	N	V	V	T	E	A	S	S	B	E	D	R	T	C	N	A	T	J
6	A	A	E	V	I	E	T	E	A	R	G	O	N	O	S	N	E	E
7	C	S	A	S	U	L	N	O	E	P	R	E	D	O	E	A	U	R
8	S	N	E	R	T	A	U	U	M	Z	P	R	M	M	M	S	R	E
9	T	I	C	T	T	I	S	L	E	E	O	R	E	P	A	M	L	I
10	L	E	T	N	I	E	B	E	L	M	D	T	E	N	L	I	E	L
11	R	M	A	A	S	N	T	U	E	E	A	I	T	N	X	A	A	R
12	U	O	G	A	B	C	I	A	L	L	C	V	A	E	D	R	N	S
13	E	N	E	H	C	A	I	T	P	E	L	R	G	S	U	R	I	T
14	R	E	N	A	I	T	R	E	C	E	A	A	E	S	T	E	E	E
15	I	N	F	L	E	X	I	O	N	A	I	C	R	N	U	I	S	D
16	E	P	I	T	S	C	O	N	C	E	R	T	E	R	V	I	N	R
17	E	R	E	S	S	E	R	A	P	A	N	O	M	A	L	I	E	A
18	J	U	S	T	I	C	E	N	S	A	L	I	N	A	G	E	T	C

MOT DE 4 LETTRES

Flèche

A	C	E	I	mucor	P	S
abritée	cadène	écrou	impropre	mural	pendre	sagou
aldol	cadre	énervée	incursion	N	polka	singulière
apparenter	cagnotte	épandre	L	nasal	popes	U
apyre	cendreux	épar	lampes	nickeler	poubelle	uhlan
arsenal	clapir	épicier	légiférer	nival	précéder	utérus
B	crochu	exterminer	M	noire	R	V
badaud	cuissot	F	manette	noire	radar	verger
bains	D	fidèle	marmoréen	O	réacteur	
basal	datte	H	meule	œuf	révolté	
bétail	désarmant	héros	minima	orin	roulé	
biche				oubli		
				oxydé		

	1	2	3	4	5	6	7	8	9	10	11	12	13	14	15	16	17	18
1	E	R	P	O	R	P	M	I	E	N	E	R	V	E	E	E	C	E
2	L	A	N	E	S	R	A	A	B	A	D	A	U	D	R	L	T	D
3	U	H	L	A	N	O	I	S	R	U	C	N	I	D	A	T	T	E
4	E	E	G	U	T	E	R	U	S	M	C	U	N	P	O	P	E	S
5	M	O	N	I	C	K	E	L	E	R	O	A	I	N	A	P	R	V
6	U	E	R	E	E	E	A	E	O	R	P	R	G	S	O	R	E	H
7	A	U	E	P	D	P	R	C	H	E	E	A	E	L	S	R	A	E
8	M	F	T	A	Y	A	H	D	T	C	C	V	K	E	G	O	C	R
9	I	M	N	R	X	U	C	R	A	N	I	A	O	E	N	C	T	E
10	N	A	E	L	O	P	P	E	B	C	A	B	R	L	R	U	E	I
11	I	N	R	A	N	R	O	R	A	C	E	M	B	O	T	M	U	L
12	M	E	A	M	I	E	U	E	S	T	E	A	R	R	U	E	R	U
13	U	T	P	P	V	C	B	F	A	P	I	N	E	A	N	B	U	G
14	R	T	P	E	A	E	E	I	L	N	E	I	D	A	S	O	L	N
15	A	E	A	S	L	D	L	G	S	O	C	N	S	R	R	E	I	I
16	L	O	D	L	A	E	L	E	D	I	F	A	D	C	E	R	D	S
17	R	A	D	A	R	R	E	L	P	R	L	D	E	R	O	U	L	E
18	A	B	R	I	T	E	E	E	E	R	E	N	I	M	R	E	T	X	E

MOT DE 4 LETTRES

Fruit

A	C	E	H	J	N	T
abysse	cabinet	essuyer	habitacle	jolie	nabot	tâter
adents	carat	**F**	hongre	joncs	naira	thuya
aétites	cherry	fanfaronnade	hurleur	**L**	nommé	tombeau
amict	clam	formation	hyoïde	libelliste	notarial	**V**
B	cornu	**G**	**I**	lutte	numéroter	vanité
ballonné	**D**	gaîté	inouï	**M**	**P**	vaser
basse	déiste	geste	inter	match	princier	vêtue
battement	démunir	gifle	irisé	messagerie	**R**	vomir
béret	dénutri	griset	item	mourir	ramager	**W**
bigarré	déodorant			moye	recel	whist
					S	
					sodé	

	1	2	3	4	5	6	7	8	9	10	11	12	13	14	15	16	17	18
1	E	A	E	E	S	S	Y	B	A	N	A	B	O	T	R	R	T	L
2	I	E	M	T	C	I	M	A	E	T	I	N	A	V	I	E	N	I
3	L	T	M	I	L	K	T	L	V	G	I	F	L	E	N	I	A	B
4	O	I	O	A	A	O	H	L	E	S	S	A	B	R	U	C	R	E
5	J	T	N	G	M	H	Y	O	T	O	I	T	E	B	M	N	O	L
6	R	E	A	B	C	A	O	N	U	D	N	G	H	L	E	I	D	L
7	E	S	E	T	D	L	I	N	E	E	A	B	A	O	D	R	O	I
8	Y	A	A	E	E	R	D	E	M	M	I	I	D	J	N	P	E	S
9	U	M	N	C	I	R	E	E	A	G	R	E	V	G	O	G	D	T
10	S	T	E	R	R	G	T	R	A	A	I	W	T	A	E	N	R	E
11	S	R	U	E	R	T	I	R	T	S	I	H	W	T	S	S	C	E
12	E	O	T	I	A	A	R	O	T	T	H	U	Y	A	U	E	T	S
13	M	N	S	B	N	E	N	E	D	E	N	U	T	R	I	L	R	E
14	I	E	L	C	A	T	I	B	A	H	N	I	R	I	R	I	S	E
15	T	M	E	S	S	A	G	E	R	I	E	I	N	L	M	E	T	I
16	C	O	R	N	U	M	E	R	O	T	E	R	B	O	E	O	H	I
17	F	A	N	F	A	R	O	N	N	A	D	E	V	A	U	U	Y	C
18	T	A	R	A	C	F	O	R	M	A	T	I	O	N	C	I	R	E

MOT DE 4 LETTRES

Chéri

A	chouette	F	I	N	R	trillion
apporter	consécutif	fausser	infixe	népète	rancho	tumeur
avatar	D	félin	iule	noulet	rimer	U
avocat	dégrosser	fière	J	P	rufian	unanime
B	drone	G	joual	pétéchie	S	V
baffe	dunette	gonze	L	petit	séton	vagal
bestiaux	E	goret	laineuse	phlox	suisse	vrai
boots	éclos	grain	larron	podomètre	T	
C	élider	grandi	laver	présomptif	tchao	
capet	existant	guignol	lolita	psoriasis	tombée	
céleri		H	M		tourmentin	
chiffrier		haut	macle		tramail	
		hélix				

	1	2	3	4	5	6	7	8	9	10	11	12	13	14	15	16	17	18
1	N	I	T	N	I	A	R	G	U	T	X	R	E	D	I	L	E	X
2	A	N	R	A	T	A	V	A	N	O	G	O	R	E	T	O	C	I
3	I	F	F	A	C	U	A	T	A	M	G	O	L	E	I	N	H	L
4	F	I	I	E	N	O	A	C	N	B	N	R	L	H	T	G	I	E
5	U	X	A	E	L	C	V	H	I	E	L	U	A	N	P	I	F	H
6	R	E	U	R	R	I	H	A	M	E	O	A	A	N	E	U	F	T
7	L	A	G	A	V	E	N	O	E	N	T	T	I	S	D	G	R	U
8	P	S	O	R	I	A	S	I	S	T	S	T	S	N	O	I	I	M
9	N	E	F	T	I	T	E	P	R	I	N	I	E	N	E	M	E	E
10	I	F	I	T	E	L	S	A	X	O	U	R	Z	U	O	U	R	U
11	T	F	T	R	U	P	M	E	R	S	E	E	B	O	O	T	S	R
12	N	A	U	I	I	A	A	R	B	S	L	A	U	O	J	H	E	E
13	E	B	C	L	I	M	A	C	S	F	A	U	S	S	E	R	C	S
14	M	R	E	L	R	L	E	O	E	I	H	C	E	T	E	P	E	N
15	R	E	S	I	E	E	R	R	F	I	T	P	M	O	S	E	R	P
16	U	V	N	O	L	G	E	L	C	A	M	D	U	N	E	T	T	E
17	O	A	O	N	E	R	E	T	R	O	P	P	A	T	I	L	O	L
18	T	L	C	D	C	P	O	D	O	M	E	T	R	E	C	L	O	S

JEU 66

MOT DE 7 LETTRES

De la Dalmatie

A
abrasé
adiposité
advenu
alevin
alfas
algol
arpège
atoca

B
barjo
barmaid
bazar
bingo

C
cajou
cantaloup
caracoler
cégep
continuel

D
débusquer
déménagé
demeurer

E
édam
entoiler
expédiées

F
forain
forge

G
germon

H
harde
hosta
humains

I
impavide

J
jetée

L
largo
layer
liquidité
loisir
lotier

M
minuterie
moisir
moka

N
nanan

O
otomi
ozone

P
polis
postiche

pouillot
prairie
pubis

R
renouvelé
rosir

S
sari
sauna
saxo
sérénade
singe

sixte
stéarine
stout

Z
zabre

	1	2	3	4	5	6	7	8	9	10	11	12	13	14	15	16	17	18
1	D	R	E	Y	A	L	F	L	E	Z	A	B	R	E	S	O	A	E
2	U	N	E	V	D	A	O	G	O	J	E	T	E	E	A	G	T	G
3	A	T	O	C	A	C	R	S	E	G	E	P	R	A	F	R	S	N
4	R	S	O	A	C	O	A	T	T	I	L	E	O	H	L	A	O	I
5	I	E	A	L	F	O	I	J	R	O	T	A	A	L	A	L	H	S
6	M	R	R	X	L	S	N	E	O	I	U	R	M	O	I	S	I	R
7	O	E	S	U	O	I	T	T	D	U	D	T	L	O	I	S	I	R
8	T	N	N	P	E	U	U	I	I	E	E	N	I	R	A	E	T	S
9	O	A	I	O	N	M	U	O	B	N	G	B	A	R	M	A	I	D
10	C	D	A	I	Z	Q	E	U	P	P	U	E	R	N	R	O	I	E
11	A	E	M	L	I	O	S	D	M	P	U	E	R	E	U	M	K	G
12	R	S	U	L	J	Q	L	E	O	N	N	O	L	M	P	A	A	A
13	A	A	H	R	U	R	O	S	I	O	A	I	L	A	O	R	S	N
14	C	R	A	E	I	S	T	G	U	R	O	N	V	A	A	N	I	E
15	O	B	R	S	I	I	I	V	N	T	I	I	A	Z	T	V	T	M
16	L	A	O	X	C	R	E	B	N	I	D	A	A	N	E	N	A	E
17	E	R	T	H	A	L	R	E	U	E	B	B	R	L	E	D	A	D
18	R	E	E	S	E	E	I	D	E	P	X	E	A	P	E	G	E	C

MOT DE 11 LETTRES

Fâcheux

A	B	crépi	G	J	N	T
abois	biplan	culminé	gauler	jarde	nucal	trouer
accalmies	bosse	D	gluau	jaune	P	U
aconier	bronzer	dartre	godailler	judoka	pattu	urane
améthyste	C	débet	goitreux	L	planche	
anhéler	capot	décroiser	grand	liant	poussière	
assiéger	chemineau	E	H	lieue	R	
atèle	conférer	étoupille	hecto	lombric	ravir	
attrayants	corrigeable	F	I	M	réellement	
aveu	courage	fasce	ibis	marge	rétracté	
	cousu		irai	merlu	riper	
			ironie	murmel	ruban	

	1	2	3	4	5	6	7	8	9	10	11	12	13	14	15	16	17	18
1	R	E	P	I	R	E	S	I	O	R	C	E	D	C	R	E	S	I
2	A	E	L	B	A	E	G	I	R	R	O	C	J	A	E	H	T	E
3	S	R	E	L	L	I	A	D	O	G	M	E	A	P	Z	C	N	T
4	S	N	R	R	I	E	D	L	C	T	E	G	R	O	N	N	A	S
5	I	F	E	E	U	P	N	N	I	U	R	R	D	T	O	A	Y	Y
6	E	S	A	R	R	B	U	A	A	E	L	A	E	C	R	L	A	H
7	G	E	C	S	T	E	A	O	R	R	U	M	H	E	B	P	R	T
8	E	I	I	O	C	R	F	N	T	U	G	E	I	P	T	I	T	E
9	R	M	R	T	U	E	A	N	E	E	M	N	R	N	A	B	T	M
10	M	L	B	C	E	S	E	D	O	I	O	E	E	P	E	T	A	A
11	T	A	M	E	V	G	U	X	N	C	T	M	O	E	L	E	T	A
12	E	C	O	H	A	A	U	E	A	R	E	U	J	A	U	N	E	U
13	B	C	L	R	B	E	A	J	A	L	S	A	N	H	E	L	E	R
14	E	A	U	O	R	U	U	C	L	S	C	P	T	N	A	I	L	E
15	D	O	I	T	A	D	T	E	I	N	O	R	I	R	A	V	I	R
16	C	S	I	U	O	E	E	E	M	U	R	M	E	L	A	C	U	N
17	S	O	L	K	T	R	R	I	E	S	S	O	B	P	I	R	A	I
18	G	G	A	U	L	E	R	T	R	O	U	E	R	F	I	B	I	S

MOT DE 5 LETTRES

Forme larvaire des vers parasites trématodes

A
abbatiaux
abjection
absout
alias
aulnaie

B
baron
bègue
bovin
bruit

C
capuce
conga
crépu
crevé
cuvée

D
debout
défiger
diacre
durant

E
écrit
emplumé
entour
équerre
équité
excessifs

F
feurre
fossoyeur

G
galion
gisant
glatir
goule
gourde
guzla

H
humour

I
intestine
ixia

J
jacobée
jarre

L
largage
liste
lyncher

M
miche

N
noble

O
opium
ourler

P
paginer
palée
parlote
pâtir
plantard
poète
preste
proie

Q
quereller

R
rational
remuée

S
suant

T
tabou
tendreté
trône

V
vente

	1	2	3	4	5	6	7	8	9	10	11	12	13	14	15	16	17	18
1	E	G	A	G	R	A	L	C	E	E	D	E	T	U	O	S	B	A
2	R	T	I	U	R	B	G	L	A	T	I	R	T	N	A	S	I	G
3	R	E	L	R	U	O	M	U	H	P	S	A	A	S	A	I	L	A
4	E	R	E	M	P	L	U	M	E	E	U	I	N	T	E	R	X	X
5	G	R	R	U	E	Y	O	S	S	O	F	C	L	L	N	R	U	I
6	R	U	R	D	G	P	G	O	U	R	D	E	E	P	U	A	P	D
7	I	E	Z	E	A	O	P	I	U	M	S	E	R	A	I	A	L	E
8	N	F	H	L	U	B	U	P	I	F	U	E	N	T	O	U	R	P
9	T	C	E	C	A	Q	A	L	I	M	L	E	A	I	L	R	D	T
10	E	E	O	R	N	R	E	S	E	L	T	B	A	R	A	R	I	E
11	S	R	O	N	L	Y	S	R	E	A	B	E	B	J	N	E	A	N
12	T	N	E	O	G	E	L	R	B	A	C	E	J	E	O	N	C	D
13	I	D	T	G	C	A	E	O	E	R	E	B	E	H	I	I	R	R
14	N	E	P	X	I	U	U	Q	I	B	N	O	C	C	T	G	E	E
15	E	B	E	O	Q	F	U	T	O	E	O	V	T	I	A	A	V	T
16	N	O	B	L	E	I	E	C	R	G	R	I	I	M	R	P	E	E
17	S	U	A	N	T	T	A	D	P	U	T	N	O	E	E	V	U	C
18	E	T	N	E	V	J	E	C	R	E	P	U	N	O	I	L	A	G

MOT DE 5 LETTRES

Bonnet surmonté d'un pompon

A	C	F	infortuné	matte	R	T
aide	celte	falot	intellectuel	mexicain	râper	téléga
allée	corpulent	G	intimer	moine	richesse	timoré
amusie	csardas	golfes	itérer	N	S	typha
apétale	cuite	grappe	J	naja	salut	U
ardent	D	gringo	jangada	neveu	sévère	uvule
assurées	dague	H	L	nolis	sirli	V
B	délecte	haret	lionne	O	skier	vacher
barbe	derby	I	M	outil	somali	W
béotisme	E	îlot	magma	P	stocker	wasabi
bêtes	édito	imparable	maori	païen	suggéré	Z
bora	épuré	infect	masse	partie		zloty

	1	2	3	4	5	6	7	8	9	10	11	12	13	14	15	16	17	18
1	I	N	T	E	L	L	E	C	T	U	E	L	O	H	E	T	O	B
2	Y	B	R	E	D	S	K	I	E	R	B	T	G	R	A	G	O	F
3	I	N	T	I	M	E	R	M	U	T	I	E	E	R	N	R	A	U
4	A	P	E	T	A	L	E	P	S	D	L	G	O	I	A	L	E	T
5	A	G	E	L	E	T	E	A	E	E	G	E	R	T	O	P	C	T
6	A	D	A	G	N	A	J	R	S	U	F	G	C	T	I	E	P	E
7	R	R	M	A	T	T	E	A	S	A	P	L	M	B	F	S	L	E
8	E	E	G	I	I	I	A	B	Q	A	L	E	O	N	E	U	M	U
9	H	P	A	D	T	N	O	L	I	S	X	U	I	G	V	T	E	E
10	C	A	M	E	T	L	F	E	L	I	L	O	T	U	E	V	E	N
11	A	R	R	D	N	I	N	O	C	E	A	S	S	U	R	E	E	S
12	V	E	C	A	E	O	R	A	R	D	E	E	I	B	A	S	A	W
13	R	E	S	G	D	N	I	O	E	T	E	P	I	L	A	M	O	S
14	E	T	A	U	R	N	A	J	A	R	U	L	A	S	R	R	L	E
15	N	I	R	E	A	E	S	S	A	M	O	N	E	R	U	I	B	V
16	I	U	D	A	H	P	Y	T	O	L	Z	M	E	C	T	M	S	E
17	O	C	A	T	N	E	L	U	P	R	O	C	I	U	T	I	A	R
18	M	E	S	S	E	H	C	I	R	E	K	C	O	T	S	E	E	E

MOT DE 4 LETTRES

Fille

A	C	E	I	M	S	T
actée	caban	édité	igné	malchance	saisi	tache
agrès	causeur	éjecté	imite	matricide	sajou	taïchi
ajouté	cépée	entêté	inédit	moral	sauté	tatie
alangui	chevalet	erbue	inique	**P**	sécheur	touchante
aléas	chute	**F**	inséré	proliférer	seize	trayeur
almées	contestant	fagne	**J**	**R**	senau	trimaran
altitudes	**D**	fatal	jaunâtre	rassasier	sphéroïde	troll
angles	darce	féria	**L**	rénette	spleen	
apiol	délit	**G**	lange	rétréci	store	
B	désaxé	galeux		roquet	swing	
bougé	duite	glie				
		gorge				

	1	2	3	4	5	6	7	8	9	10	11	12	13	14	15	16	17	18
1	S	E	R	G	A	M	A	T	R	I	C	I	D	E	D	T	E	L
2	E	H	C	A	T	A	A	E	R	B	H	L	E	C	E	R	T	L
3	E	G	N	A	L	L	U	U	O	C	A	E	A	U	L	U	N	O
4	S	L	N	M	A	B	E	U	I	R	P	B	Q	S	I	E	A	R
5	A	I	E	N	R	Y	G	A	O	E	A	O	P	D	T	H	H	T
6	I	E	G	E	A	E	T	M	C	N	R	L	A	G	N	C	C	S
7	S	U	C	R	A	S	S	A	S	I	E	R	N	E	A	E	U	E
8	I	D	T	N	E	R	E	T	R	E	C	I	T	T	T	S	O	D
9	X	U	E	L	A	G	J	U	N	E	W	M	A	I	S	S	T	U
10	E	U	G	S	R	H	E	E	R	S	S	I	T	D	E	A	L	T
11	E	N	A	O	A	S	C	O	T	P	E	T	I	E	T	J	A	I
12	A	R	G	N	U	X	T	L	H	U	R	E	E	N	N	O	T	T
13	I	I	T	A	E	S	E	E	A	I	H	T	T	I	O	U	A	L
14	A	N	C	A	F	S	R	D	M	M	T	C	A	C	C	T	F	A
15	I	S	I	N	N	O	A	A	U	E	Z	I	E	S	A	E	L	A
16	R	E	G	Q	I	U	R	U	N	I	C	H	E	V	A	L	E	T
17	E	R	N	D	U	A	A	E	T	E	T	N	E	A	P	I	O	L
18	F	E	E	A	N	E	R	J	R	E	R	E	F	I	L	O	R	P

MOT DE 6 LETTRES

Dépôt qui se forme dans le vin

A
abonnir
alise
armer
astiquage
ataca
B
bande
bâtard
bertha
blaseur

blêmir
boyau
C
cabas
caféier
calmement
cardiogramme
chica
D
disputable
drenne

E
éburnéen
échange
émigré
émue
encan
éocène
F
faquin
futaie
G
gaufrier

H
habitudes
hallier
I
inexprimé
L
lais
lémur
liège
M
merise

O
obtenues
P
pampa
pardieu
perçant
piétiner
plain
R
raclage
raïa
raseur

recommandé
recru
rouvrir
S
sbire
sensé
soyer
T
texte
tromperie

V
vacciner
vertu
vespa
vivant

	1	2	3	4	5	6	7	8	9	10	11	12	13	14	15	16	17	18
1	H	A	P	M	A	P	N	F	R	E	E	U	B	C	E	M	U	E
2	A	V	E	S	P	A	A	A	I	R	T	A	H	T	R	E	B	S
3	B	B	O	T	C	Q	C	R	G	R	N	I	N	I	A	L	P	O
4	I	A	C	N	U	L	E	I	E	D	C	A	A	R	M	E	R	Y
5	T	T	E	I	A	P	M	V	E	A	P	E	R	C	A	N	T	E
6	U	A	N	G	M	E	I	N	E	X	P	R	I	M	E	L	B	R
7	D	R	E	O	E	R	I	B	S	P	I	E	T	I	N	E	R	R
8	E	D	R	M	U	I	L	C	A	L	M	E	M	E	N	T	E	D
9	S	T	E	M	M	A	L	R	R	I	R	V	U	O	R	N	R	R
10	I	A	E	L	S	A	I	R	E	I	L	L	A	H	I	E	E	E
11	R	L	S	E	B	N	R	E	I	A	T	U	F	C	N	O	I	C
12	E	E	U	T	N	A	R	G	C	E	E	R	C	N	E	B	E	O
13	M	R	I	O	I	E	T	A	O	I	S	A	E	G	E	T	F	M
14	A	B	B	R	T	Q	B	U	D	I	V	N	N	C	N	E	A	M
15	L	A	O	X	F	A	U	R	P	A	D	A	E	A	R	N	C	A
16	I	A	E	Y	S	U	A	A	I	S	H	R	V	S	U	U	A	N
17	S	T	I	T	A	P	A	A	G	C	I	I	A	R	B	E	T	D
18	E	R	A	S	E	U	R	G	E	E	V	D	E	C	E	S	A	E

MOT DE 6 LETTRES

Unité d'enseignement dans un programme éducatif

A	C	E	G	K	P	selle
adage	cartilage	effet	giclé	khmer	panel	sente
aïeul	casson	égoutter	glace	L	pelletier	séreux
alpha	cinglé	enclin	H	lésion	prophétiser	serval
B	cirre	érodé	hélas	luire	psyché	sylve
bagad	cistude	essaim	humaniser	M	R	T
bégu	crawl	F	I	maestro	radjah	tapas
bêler	D	faine	ichor	moirure	reddition	teigne
bielle	dessécher	foehn	innée	N	resté	tiare
broue	doléances	fugue	isolé	nervin	ruche	titiller
	drapé		J	O	S	trame
	dures		jeunot	oxer	sabbat	tresser
					sagace	

	1	2	3	4	5	6	7	8	9	10	11	12	13	14	15	16	17	18
1	P	S	Y	C	H	E	M	E	E	H	E	M	A	E	S	T	R	O
2	T	E	E	P	E	A	N	I	T	L	U	M	S	R	U	C	H	E
3	I	C	P	L	R	C	J	R	A	I	C	M	A	E	R	O	D	E
4	T	N	T	E	L	O	A	D	E	S	A	I	A	R	R	U	R	T
5	I	A	O	I	L	E	P	G	A	S	S	R	G	N	T	E	A	B
6	L	E	N	A	P	L	L	H	A	R	S	E	E	S	I	B	U	G
7	L	L	U	E	I	A	E	O	E	S	O	E	I	L	B	S	L	X
8	E	O	E	V	L	Y	S	T	S	T	N	C	R	A	E	A	E	B
9	R	D	J	S	A	L	E	H	I	I	I	E	S	T	C	B	E	R
10	M	E	L	G	N	I	C	F	O	E	D	S	T	E	I	G	N	E
11	E	R	U	R	I	O	M	E	F	D	R	S	E	L	U	I	R	E
12	E	E	D	C	B	N	G	C	I	E	E	E	E	R	E	F	E	D
13	P	X	H	A	O	O	S	T	R	G	T	R	N	E	U	O	L	U
14	A	O	G	I	U	E	I	R	A	A	T	V	I	M	G	E	L	R
15	R	A	S	T	N	O	I	D	U	A	W	A	A	H	U	H	E	E
16	D	E	T	T	N	C	A	H	P	L	A	L	F	K	F	N	I	S
17	L	E	E	N	N	I	C	A	R	T	I	L	A	G	E	L	B	T
18	R	R	E	H	C	E	S	S	E	D	E	N	I	V	R	E	N	E

MOT DE 9 LETTRES

Apaisant

A	C	escarre	I	N	R	transformé
accoter	chariot	ésérine	influâmes	néroli	ranch	tric
âcretés	ciliée	F	iridié	P	renne	V
apprêter	cossu	fagot	L	palet	revif	vague
audible	D	fraiser	laneret	pérot	rougeur	vérin
B	datif	fréon	lover	poise	S	verve
besoin	délot	G	lunch	potelé	soupirants	vinaigrer
blaguer	déplaises	gigantisme	M	prude	T	virginité
blouser	dormir	gosse	macrobiotique	Q	tempo	
brimé	E	grade	maline	quiche	testé	
	égarer	grainer	meute		thyrse	
	enfuir		motus			

	1	2	3	4	5	6	7	8	9	10	11	12	13	14	15	16	17	18
1	Q	U	I	C	H	E	T	L	S	P	E	L	E	T	O	P	R	E
2	B	E	S	O	I	N	R	S	O	E	E	A	C	R	E	T	E	S
3	R	A	E	E	T	I	A	T	E	V	M	S	U	T	O	M	N	R
4	E	I	U	M	O	L	N	N	P	N	E	A	E	D	R	C	N	Y
5	S	L	Q	S	I	A	S	A	R	A	F	R	U	R	E	I	E	H
6	I	O	I	I	R	M	F	R	R	E	L	U	V	L	I	L	C	T
7	A	R	T	T	A	A	O	I	E	E	U	E	I	E	F	N	O	D
8	R	E	O	N	H	U	R	P	V	S	I	G	T	R	U	N	E	T
9	F	N	I	A	C	D	M	U	I	C	U	U	A	L	I	P	I	T
10	I	V	B	G	N	I	E	O	F	A	G	O	T	L	L	D	E	C
11	T	I	O	I	A	B	E	S	B	R	T	R	L	A	B	R	I	E
12	A	R	R	G	R	L	E	D	A	R	G	O	I	B	E	L	S	E
13	D	G	C	N	O	E	R	F	U	E	I	S	R	N	I	S	C	F
14	O	I	A	P	P	R	E	T	E	R	E	M	A	E	O	M	O	E
15	R	N	M	V	A	G	U	E	I	S	P	L	E	G	P	E	S	S
16	M	I	E	G	A	R	E	R	G	I	A	N	I	V	M	U	S	I
17	I	T	V	E	R	I	N	A	C	C	O	T	E	R	E	T	U	O
18	R	E	N	I	A	R	G	A	E	T	S	E	T	N	T	E	T	P

MOT DE 8 LETTRES

Pliement

A	D	folie	I	M	R	U
abreuver	déceler	fondé	infâmes	macabre	rader	urémie
ajouts	E	G	J	masure	ratiociné	V
assemblée	encenseur	gagnée	jeunes	N	rédie	velvote
C	enterrer	galhauban	joues	nature	réfection	verlan
charade	exalter	garcette	joule	néflier	référer	Y
chile	F	glacée	jours	noyau	règle	yèble
cierge	fanfare	gramen	L	O	S	
clown	feint	gravide	lacet	œil	scierie	
contusion	ferry	grossiste	lisse	P	serge	
coron	final	H	litas	parme	T	
	flamant	hertz	luxurieux	pibale	tacon	
				pseudo	tampon	

	1	2	3	4	5	6	7	8	9	10	11	12	13	14	15	16	17	18
1	R	E	F	E	R	E	R	G	A	R	C	E	T	T	E	J	P	N
2	F	E	N	G	J	G	E	H	E	R	T	Z	N	N	O	R	O	C
3	E	L	O	R	E	L	I	E	R	L	G	I	E	U	O	C	I	S
4	R	B	I	E	U	A	L	M	U	G	E	R	R	L	A	Y	E	O
5	R	M	S	S	N	C	F	R	E	F	A	S	A	T	I	U	A	D
6	Y	E	U	V	E	E	E	A	S	F	R	L	A	V	O	T	L	U
7	G	S	T	E	S	E	N	P	N	Y	L	E	H	J	I	S	A	E
8	R	S	N	R	X	E	G	A	E	F	U	A	D	A	O	D	C	S
9	A	A	O	L	L	A	F	B	C	I	X	S	M	A	U	U	E	P
10	M	S	C	A	G	F	L	S	N	N	U	R	E	A	R	B	T	R
11	E	C	B	N	A	E	O	T	E	A	R	E	L	M	N	A	A	S
12	N	I	E	L	I	H	C	L	E	L	I	F	G	G	A	T	H	N
13	P	E	T	O	V	L	E	V	I	R	E	E	E	R	I	F	T	C
14	G	R	O	S	S	I	S	T	E	E	U	C	R	O	E	A	N	J
15	L	I	S	S	E	C	L	O	W	N	X	T	C	E	M	I	O	I
16	R	E	V	U	E	R	B	A	C	A	M	I	A	P	D	U	C	E
17	F	O	N	D	E	C	E	L	E	R	N	O	O	N	L	I	E	O
18	M	A	S	U	R	E	M	I	E	E	E	N	T	E	R	R	E	R

MOT DE 7 LETTRES

Exclamation d'étonnement

A	B	E	H	O	reconstruit	V
acul	barattage	école	halte	œillard	relent	vigne
agios	bouée	émission	haute	P	rénine	viril
aguis	C	eskimo	huchet	paquet	S	Z
aïeux	caressant	étrange	I	parti	saveur	zigzag
aigle	carmel	F	iambe	pétrole	session	
aigu	coite	félon	incendie	poire	sosie	
amont	colleteur	filial	initial	Q	T	
ânesse	D	flore	J	quinzaine	tachiste	
approches	débord	G	jovialité	R	tacot	
assise	désuni	gnocchi	M	raban	taxation	
atone			molli	rageur	tuant	
avivé						

	1	2	3	4	5	6	7	8	9	10	11	12	13	14	15	16	17	18
1	D	P	D	I	N	H	H	P	E	L	L	A	F	A	V	I	V	E
2	Z	R	O	R	N	O	A	U	A	T	I	A	S	I	A	M	B	E
3	E	I	O	I	A	C	I	L	C	Q	S	R	I	S	L	C	M	M
4	F	L	G	B	R	L	E	T	T	H	U	I	I	T	I	I	U	O
5	R	E	O	Z	E	E	L	N	A	E	E	E	H	V	I	S	A	L
6	E	A	L	C	A	D	G	I	D	X	T	T	T	C	E	N	E	L
7	G	E	B	O	E	G	I	A	E	I	A	N	Z	H	A	E	I	I
8	A	T	U	A	N	T	A	I	O	O	E	T	C	C	L	T	E	N
9	T	R	P	I	N	H	S	C	E	L	N	O	E	O	E	T	N	U
10	T	A	A	G	A	O	F	O	E	O	R	N	R	L	M	N	I	S
11	A	N	R	U	S	R	L	R	M	P	G	T	B	L	R	A	A	E
12	R	G	T	O	E	S	O	A	P	I	E	R	O	E	A	S	Z	D
13	A	E	I	N	A	T	R	A	V	P	K	T	U	T	C	S	N	E
14	B	G	I	V	A	A	E	A	N	E	S	S	E	E	A	E	I	N
15	A	N	E	C	I	I	H	C	C	O	N	G	E	U	G	R	U	O
16	E	U	O	E	E	M	I	S	S	I	O	N	T	R	U	A	Q	T
17	R	T	U	T	I	U	R	T	S	N	O	C	E	R	I	C	R	A
18	E	X	E	T	I	L	A	I	V	O	J	S	E	S	S	I	O	N

JEU 76

MOT DE 7 LETTRES

Vendu

A	**B**	digon	**I**	**M**	pipée	**T**
abyssin	bigre	durit	ictus	médire	pister	tirage
accrue	**C**	**E**	intox	métal	**R**	tokaï
acra	carva	égide	**J**	miser	rembrunir	tréfilage
acuités	cassant	**F**	jeunet	**N**	rimeur	tripal
aires	cipre	faire	**L**	négociant	rivalité	**V**
altier	concours	**G**	lécher	nettoyé	ruraux	valeurs
amide	crotter	galbe	liane	notaire	**S**	voiturier
amitié	**D**	gerce	lier	nurse	serin	**Y**
antithèse	déduction	grief	ligie	**P**	serpe	yuppie
apion	dénaturer	gulden	ligot	pardi	sucré	
aspi	dévaliser			pékin		
	diaprer					

	1	2	3	4	5	6	7	8	9	10	11	12	13	14	15	16	17	18
1	E	E	S	R	U	E	L	A	V	R	A	C	J	F	A	I	R	E
2	R	B	I	G	R	E	M	B	R	U	N	I	R	E	T	S	G	N
3	P	L	A	P	I	R	T	G	N	I	R	E	S	R	U	I	P	A
4	I	D	I	A	P	R	E	R	U	T	A	N	E	D	D	N	S	I
5	C	R	E	I	R	U	T	I	O	V	C	F	R	E	H	C	E	L
6	A	A	I	R	E	S	Y	E	R	T	I	O	D	U	R	I	T	T
7	R	M	I	D	R	A	P	F	N	L	R	U	N	N	O	G	I	D
8	E	T	I	R	A	G	E	A	A	R	C	U	A	C	C	R	U	E
9	I	R	E	T	U	L	I	G	O	T	U	M	R	M	O	E	C	P
10	T	I	I	L	I	C	E	P	I	P	E	E	E	A	E	U	A	R
11	L	N	D	A	O	E	G	O	T	R	S	N	M	D	U	T	R	E
12	A	E	A	G	T	A	N	O	R	I	E	I	N	I	I	X	A	S
13	N	P	E	S	L	O	K	P	E	V	H	S	E	V	R	R	E	L
14	A	N	I	B	S	A	N	I	T	A	T	S	T	M	I	I	E	P
15	M	C	E	O	I	A	G	S	T	L	I	Y	T	I	C	N	R	E
16	I	N	R	D	N	I	C	T	O	I	T	B	O	S	T	T	C	K
17	D	E	V	A	L	I	S	E	R	T	N	A	Y	E	U	O	U	I
18	E	S	R	U	N	G	E	R	C	E	A	U	E	R	S	X	S	N

MOT DE 6 LETTRES

Marcheur

A	C	F	L	O	R	tiers
achat	corner	fabliau	lande	ouate	radié	tour
achemines	D	férir	lippe	P	renon	trémie
alèse	delta	foire	M	paean	ruade	V
alluvien	devoir	G	merlin	pante	S	verso
amuser	diapo	garer	méthodique	plaidoyer	savon	visées
arabe	E	gerber	modal	prêteur	situation	volte
autobus	ébiseler	griffe	musée	primipare	sobre	Z
avant	ennuyer	grizzly	N	propane	T	zanni
B	épiner	I	navrés		taire	
bâton	essayé	iléal	nourrir		tapon	
biceps	éventé	image			targe	
bombe	évolutif				teckel	

	1	2	3	4	5	6	7	8	9	10	11	12	13	14	15	16	17	18
1	M	S	T	I	E	R	S	R	E	R	E	B	I	S	E	L	E	R
2	E	I	N	N	A	Z	E	E	I	R	E	N	I	L	R	E	M	N
3	T	T	A	H	C	A	N	N	M	E	V	Y	D	E	T	A	U	O
4	H	U	V	A	G	L	I	O	E	S	I	P	O	E	G	O	P	U
5	O	A	A	U	R	L	M	N	R	U	S	R	S	D	V	A	U	R
6	D	T	F	T	I	U	E	T	T	M	E	O	R	S	I	O	M	R
7	I	I	E	O	Z	V	H	G	E	A	E	P	E	D	O	A	I	I
8	Q	O	R	B	Z	I	C	E	A	C	S	A	V	O	N	B	L	R
9	U	N	I	U	L	E	A	E	S	R	K	N	O	P	A	T	R	P
10	E	P	R	S	Y	N	P	M	U	S	E	E	E	G	R	A	T	E
11	P	R	I	M	I	P	A	R	E	E	A	R	L	A	D	O	M	R
12	I	F	G	S	I	A	E	E	V	R	E	Y	U	N	N	E	E	E
13	R	A	R	L	E	R	T	O	V	O	L	T	E	B	E	N	T	G
14	E	B	I	U	I	R	L	L	A	E	L	I	I	B	R	N	B	E
15	N	L	F	O	A	U	V	T	E	L	N	C	A	O	A	O	R	R
16	I	I	F	O	T	D	L	A	N	D	E	T	C	P	M	I	N	B
17	P	A	E	I	P	A	E	A	N	P	O	S	E	B	A	R	A	E
18	E	U	F	E	I	D	A	R	S	N	P	R	E	T	E	U	R	R

MOT DE 7 LETTRES

Coupler

A	C	épargne	G	O	R	S
aménité	cobol	éphémère	gonfalon	opale	ramené	scoliose
apprêté	concédé	étrangler	I	osmose	ratio	siglaison
arbitrer	costume	F	illico	ovate	ravage	stoppé
azote	D	fabulé	intérieur	P	région	sumo
B	drille	farniente	M	percer	relations	V
balluchon	E	fêter	métalliser	poulpe	roder	varié
boubou	édenter	fiole	N	poupe	ruer	violette
bousin	égarées	fretin	naufrager	purifié		Z
buller	enlier		nectaire			zythum
	enrayé					
	envoie					
	envolé					

	1	2	3	4	5	6	7	8	9	10	11	12	13	14	15	16	17	18
1	E	N	F	A	R	N	I	E	N	T	E	E	T	I	N	E	M	A
2	R	I	B	A	L	L	U	C	H	O	N	F	A	B	U	L	E	J
3	E	S	O	M	S	O	E	Z	I	N	T	E	R	I	E	U	R	R
4	M	U	C	R	I	B	T	Y	E	L	E	E	L	A	P	O	E	F
5	E	O	O	A	G	O	R	T	G	F	L	E	P	A	R	G	N	E
6	H	B	N	M	L	C	A	H	A	R	L	I	P	E	A	U	R	T
7	P	U	C	E	A	O	N	U	V	E	I	U	C	R	R	I	E	E
8	E	O	E	N	I	S	G	M	A	T	R	B	F	O	A	C	T	R
9	R	B	D	E	S	T	L	U	R	I	D	U	U	T	V	T	E	G
10	F	E	E	M	O	U	E	S	F	N	A	R	C	L	E	A	O	R
11	A	I	T	S	N	M	R	I	N	N	E	E	E	L	L	N	T	N
12	P	R	O	N	C	E	E	E	R	O	N	E	O	I	F	E	O	E
13	P	A	Z	L	E	O	P	Y	G	A	I	I	L	A	L	I	R	S
14	R	T	A	L	E	D	L	O	A	A	V	T	L	O	G	N	P	T
15	E	I	O	V	N	E	E	I	U	R	R	O	A	E	V	O	E	O
16	T	O	E	R	E	D	O	R	O	L	N	E	R	L	U	N	M	P
17	E	A	R	B	I	T	R	E	R	S	P	E	E	P	E	U	E	P
18	M	E	T	A	L	L	I	S	E	R	E	E	E	S	S	R	R	E

MOT DE 7 LETTRES

Affermie

A	D	étui	H	P
affolement	damnée	exacte	hébètes	panca
aunée	douce	F	hilare	paréo
avide	douée	fermoir	huhau	pêche
axile	dysphagie	fondu	L	pékiné
B	E	G	lama	peser
barbu	empesé	garni	letchi	plafond
brème	entrepôt	giron	ligue	pointu
broie	éphèbe	gouet	M	Q
C	équerrer		malice	quinze
cassé	équitable		mimer	
civet	étudier		motte	

R	T
relatif	tanin
remouiller	tarer
revêtir	tract
rongé	V
rubis	venir
S	vermiculure
saulaie	verte
sitôt	victime
spectral	volter
strigile	
sucrer	
suédée	

	1	2	3	4	5	6	7	8	9	10	11	12	13	14	15	16	17	18
1	E	L	I	G	U	E	E	F	E	E	E	R	P	R	U	B	I	S
2	I	A	A	B	T	S	P	T	I	I	S	N	E	A	E	T	U	I
3	O	M	R	R	G	O	U	E	T	T	A	S	I	I	N	R	A	G
4	R	A	E	U	A	H	U	H	C	O	A	L	A	K	D	C	A	S
5	B	V	E	G	N	O	R	I	G	H	M	L	U	C	E	U	A	T
6	A	S	E	Q	U	I	T	A	B	L	E	R	E	A	I	P	T	H
7	F	E	E	I	G	A	H	P	S	Y	D	I	D	R	S	V	I	E
8	F	T	E	E	M	I	T	C	I	V	V	O	A	X	I	L	E	U
9	O	E	D	C	I	U	S	E	H	Q	O	M	M	R	A	R	D	T
10	L	B	I	U	M	U	N	M	C	U	L	R	N	R	E	N	R	E
11	E	E	V	O	E	T	A	E	T	I	T	E	E	V	O	E	T	S
12	M	H	A	D	R	L	Q	R	E	N	E	F	F	E	F	S	C	A	T
13	E	P	E	E	I	U	E	B	L	Z	R	T	A	E	A	U	O	R
14	N	E	P	C	E	E	U	O	D	E	I	L	P	X	N	T	N	I
15	T	O	E	R	E	R	C	U	S	R	P	M	E	E	I	C	I	G
16	T	E	R	U	L	U	C	I	M	R	E	V	E	S	E	A	N	I
17	O	E	R	A	P	O	I	N	T	U	S	P	E	C	T	R	A	L
18	R	I	N	E	V	R	E	L	L	I	U	O	M	E	R	T	T	E

MOT DE 4 LETTRES

Contrôle

A	C	E	H	N	prélats	T
accabler	carabe	écorné	halo	narcéine	pulsé	tenace
affins	chaux	écrin	hâve	neutralisé	R	tertio
ahuri	chouchou	F	herbacé	noter	raine	trousseau
ajourner	connu	fables	L	O	relax	V
anneaux	couac	farci	lampourde	offert	rosbif	vaine
apatite	coups	fêler	loufoque	P	S	varappe
B	D	ferté	louis	panda	santon	vendu
bayou	décri	filet	M	payer	scarifier	
blafard	dépannant	fîmes	miton	paysannes	situé	
brève	douer	flash		piteuse	sures	
	duché	fuseau		poivré	surnom	

	1	2	3	4	5	6	7	8	9	10	11	12	13	14	15	16	17	18
1	O	A	H	A	L	O	X	E	T	R	O	U	S	S	E	A	U	F
2	I	J	A	S	F	U	E	N	L	A	M	P	O	U	R	D	E	I
3	T	O	V	F	A	N	B	R	S	C	A	R	I	F	I	E	R	L
4	R	U	E	E	I	L	R	O	L	O	U	I	S	U	X	S	F	E
5	E	R	N	A	A	E	F	C	D	U	C	H	E	D	U	E	U	T
6	T	N	V	F	L	P	R	E	L	A	T	S	N	N	A	R	S	I
7	A	E	A	A	N	O	T	I	M	C	E	A	N	E	H	U	E	T
8	E	R	X	O	P	I	T	E	U	S	E	N	A	V	C	S	A	A
9	D	C	T	N	A	R	C	E	I	N	E	T	S	E	S	L	U	P
10	C	E	A	H	F	A	B	L	E	S	U	O	Y	A	B	L	T	A
11	R	H	U	N	B	V	A	D	N	A	P	N	A	T	O	N	A	E
12	E	R	O	R	E	R	A	C	O	N	N	U	P	U	A	C	T	E
13	I	B	E	U	T	T	S	R	I	C	R	A	F	N	C	R	R	A
14	E	H	A	U	C	U	P	D	A	C	R	O	N	A	E	V	F	S
15	C	V	E	R	R	H	E	A	O	P	Q	A	B	F	I	F	E	I
16	R	N	E	N	A	C	O	U	Y	U	P	L	I	O	I	M	L	T
17	I	E	O	R	R	C	P	U	E	E	E	E	P	N	I	S	E	U
18	N	M	F	I	B	S	O	R	D	R	R	R	S	F	E	T	R	E

MOT DE 10 LETTRES

Courbatu

A
aghas
apéro
asile
avalé

B
bandana

C
calfat
cange
casseur
caution
chasses

chien
colosse
concilier

D
durer
dysidrose

E
écubier
éduqué
enfermé
ennuagé

F
féru
freiné
frôlement
fruit

G
gigot
grave
grivoise
guipure

I
immunité
incitatif
isomère

K
krach

L
leçon
limeur
livet
louanger
loupage

M
mélangeur
merlon
mitre
morille

P
pecten
philosopher
poker
poulie

R
raccord
romancer
rugine

T
tourin

U
urine

V
valse
variante
varon
veine
vétiver
vigneron

	1	2	3	4	5	6	7	8	9	10	11	12	13	14	15	16	17	18
1	C	A	N	G	E	R	E	H	P	O	S	O	L	I	H	P	C	R
2	T	I	U	R	F	R	O	L	E	M	E	N	T	O	C	D	E	U
3	O	V	G	R	I	V	O	I	S	E	U	T	U	E	A	Y	T	E
4	U	E	R	R	E	C	N	A	M	O	R	O	R	L	R	S	I	G
5	R	T	I	E	R	E	N	I	E	R	F	G	I	L	K	I	N	N
6	I	I	E	N	I	E	V	E	R	D	B	I	N	I	M	D	U	A
7	N	V	S	N	C	G	I	U	T	E	U	G	E	R	I	R	M	L
8	R	E	L	U	R	I	G	B	L	C	E	Q	A	O	T	O	M	E
9	E	R	A	A	T	I	T	I	U	R	E	C	U	M	R	S	I	M
10	I	T	V	G	N	A	S	A	E	C	U	P	A	E	E	E	E	R
11	L	E	B	E	G	A	F	M	T	D	E	N	P	S	E	S	U	E
12	I	E	G	A	P	U	O	L	R	I	O	A	N	T	S	E	R	F
13	C	P	C	G	N	S	I	O	A	R	F	O	N	O	M	E	E	N
14	N	O	T	H	I	D	C	P	E	C	I	A	L	I	L	R	U	E
15	O	U	E	A	I	C	A	N	U	T	I	O	L	D	U	R	E	R
16	C	L	V	S	A	E	G	N	U	R	C	C	H	A	S	S	E	S
17	E	I	I	R	E	I	N	A	A	R	E	G	N	A	U	O	L	M
18	L	E	L	A	V	A	C	V	R	E	K	O	P	V	A	R	O	N

MOT DE 6 LETTRES

Rendre moite

A	bordé	D	G	M	prémisses	T
agénésie	brucelles	dévoré	gyrin	magot	ptose	tentant
agiles	buggy	duper	H	matin	R	tergal
alibi	C	E	houseau	monopole	recuit	tory
alifères	cadrature	égérie	J	O	rendu	trotte
annuaire	cary	éliminé	joute	occis	rotor	V
aoûter	caveau	entrain	K	ondulée	S	vaguement
aridité	chaud	épeire	kugel	ovale	sapience	verbe
arum	compas	F	L	P	soufre	vers
atours	confesser	fixer	large	péroné	soute	vicié
B	cubital	froid	lèpre	piété		viole
barda			lœss	porté		
blatte						

	1	2	3	4	5	6	7	8	9	10	11	12	13	14	15	16	17	18
1	U	T	N	V	E	R	S	A	C	N	U	E	R	E	C	U	I	T
2	A	O	I	I	M	E	G	A	I	R	E	A	T	R	D	A	O	O
3	E	G	R	C	L	E	D	A	V	I	O	L	E	I	E	R	R	R
4	S	A	Y	I	N	R	R	E	X	I	F	T	A	V	D	N	O	Y
5	U	M	G	E	A	T	E	R	O	V	E	D	O	V	A	I	D	B
6	O	A	S	T	N	E	C	N	E	I	P	A	S	R	O	C	R	U
7	H	I	U	E	T	S	I	C	C	O	E	L	I	M	I	N	E	A
8	E	R	E	J	E	Y	G	G	U	B	E	B	P	E	R	O	N	E
9	E	T	P	O	N	R	S	E	S	S	I	M	E	R	P	E	L	E
10	S	N	E	U	T	F	E	R	O	L	S	C	M	A	T	I	N	T
11	E	E	I	T	A	R	U	T	A	O	O	S	O	U	F	R	E	R
12	L	M	R	E	N	O	P	O	U	N	C	U	B	I	T	A	L	O
13	L	E	E	E	T	I	N	T	F	O	C	S	S	E	O	L	E	P
14	E	U	G	A	F	D	E	E	R	B	A	O	B	L	A	T	T	E
15	C	G	E	U	U	I	S	R	E	A	R	U	M	P	I	E	T	E
16	U	A	R	L	K	S	L	G	P	R	E	L	O	P	O	N	O	M
17	R	V	E	A	E	C	H	A	U	D	A	N	N	U	A	I	R	E
18	B	E	I	R	L	T	I	L	D	A	V	E	R	B	E	S	T	R

MOT DE 10 LETTRES

Adhérentes

A	consulat	F	L	P	R	T
adagio	couperet	fenton	lueurs	paludine	rasai	tanche
adoration	D	G	M	pavage	rayonné	tillac
B	décès	garou	mère	pelta	rondo	traceur
barge	dommage	guyot	mucus	persister	S	transe
barographe	drache	H	N	pesant	séparer	triste
béarnaise	E	henné	niché	peurs	sérier	tuque
C	écale	hyacinthe	O	pince	sinus	V
calo	éditeur	hydre	obvier	prévoir	stable	veste
charognard	enfarger	I	olive	promise		veule
chicaner		intrus		proue		Y
colée						yacht

	1	2	3	4	5	6	7	8	9	10	11	12	13	14	15	16	17	18
1	P	R	E	E	H	P	A	R	G	O	R	A	B	A	T	L	E	P
2	A	E	N	N	O	Y	A	R	E	N	O	I	T	A	R	O	D	A
3	V	N	R	L	I	D	A	S	C	H	A	R	O	G	N	A	R	D
4	A	A	A	U	R	D	I	C	E	R	D	Y	H	I	A	S	A	R
5	G	C	O	A	E	A	U	P	I	E	T	I	L	L	A	C	P	P
6	E	I	C	D	N	T	I	L	L	N	S	T	A	B	L	E	E	N
7	A	H	R	R	N	N	I	A	A	U	T	E	T	S	I	R	T	O
8	E	C	A	I	C	O	C	D	R	P	S	H	U	S	S	T	S	T
9	S	E	C	E	D	E	R	T	E	N	C	N	E	I	A	R	G	N
10	B	H	P	E	S	A	N	T	A	A	I	R	S	N	U	U	C	E
11	E	T	E	C	I	I	T	R	Y	S	I	T	C	E	Y	O	S	F
12	G	R	O	N	O	R	T	E	P	E	E	H	U	O	L	I	V	E
13	A	O	I	A	F	N	U	N	R	R	E	L	T	E	L	U	E	V
14	M	B	G	O	E	A	S	E	E	E	O	S	E	P	A	R	E	R
15	M	V	A	A	V	N	R	U	C	U	P	M	E	P	R	O	U	E
16	O	I	D	R	R	E	N	G	L	A	Q	U	I	E	T	S	E	V
17	D	E	A	S	G	O	R	E	E	A	R	U	O	S	U	C	U	M
18	S	R	U	E	P	E	U	P	H	R	T	T	T	C	E	R	E	M

MOT DE 4 LETTRES

Hampe

A	D	G	I	M	P	S
absolutiste	disciple	galerie	immortel	millibar	pédantesque	sésame
agitée	doux	génialité	instituer	mirettes	pisser	sphincter
alluviale	**E**	gerçure	issa	mixte	pleurs	suranné
apivore	égéenne	grisette	ixer	**N**	plouf	synergie
B	épargnés		**J**	navré	**R**	**T**
bander	éperdu	**H**	joyau	négociation	rases	télex
C	étale	haineux	**L**	nouer	ravin	tigré
cagée	**F**	haleter	layon	**O**	rival	torii
cheik	faibli	haras	loupe	ossements	rogne	touffe
	fieffé				rural	**V**
	flamboyer					vaseliner
	frustré					

	1	2	3	4	5	6	7	8	9	10	11	12	13	14	15	16	17	18
1	R	E	T	E	L	A	H	P	L	E	U	R	S	E	X	N	X	E
2	A	A	R	F	F	R	E	T	C	N	I	H	P	S	E	M	U	L
3	B	B	U	L	E	F	F	U	O	T	G	U	I	G	L	I	E	P
4	I	S	R	A	E	A	E	Y	S	E	O	N	O	U	E	R	N	I
5	L	O	A	M	T	R	A	I	R	L	S	C	E	I	T	E	I	C
6	L	L	L	B	I	L	G	C	F	T	I	E	I	M	F	T	A	S
7	I	U	L	O	G	T	U	I	I	A	J	P	G	M	R	T	H	I
8	M	T	U	Y	A	R	F	T	T	O	L	E	R	O	U	E	E	D
9	E	I	V	E	E	A	U	I	Y	O	H	R	E	R	S	S	U	V
10	N	S	I	R	I	E	O	A	U	A	E	D	N	T	T	I	Q	A
11	N	T	A	B	R	N	U	F	R	X	E	U	Y	E	R	R	S	S
12	E	E	L	E	T	I	L	A	I	N	E	G	S	L	E	G	E	E
13	E	I	E	O	K	C	S	T	N	E	M	E	S	S	O	N	T	L
14	G	R	R	R	R	I	A	E	N	N	A	R	U	S	G	X	N	I
15	E	I	V	E	I	O	E	G	E	T	A	L	E	R	I	U	A	N
16	I	S	S	A	L	V	G	H	E	S	E	S	A	M	E	O	D	E
17	R	A	V	I	N	A	A	N	C	E	A	P	B	A	N	D	E	R
18	R	E	S	S	I	P	G	L	E	R	E	E	R	O	V	I	P	A

MOT DE 4 LETTRES

JEU 85

Sortie

A	D	G	L	P	rosette	T
abrutis	deuton	garçonne	label	papal	rusées	taule
acide	dévouement	gazelle	lattage	peton	S	toque
affût	drôle	gemme	lotionné	phone	sandre	toron
apport	drop	grandelet	M	préétabli	sébum	travaux
avenues	E	H	marina	puant	semeur	trophée
axial	eurasien	halva	matou	R	stase	U
B	excursion	hymne	N	raft	stress	usager
basanée	extrudé	J	nylon	recueil	subir	V
C	F	jumel	O	récuser		velu
colère	feutre	K	obstrué	remplir		veuve
	flûte	kamichi	ouléma	retrouver		
			ovule			

	1	2	3	4	5	6	7	8	9	10	11	12	13	14	15	16	17	18
1	S	T	A	S	E	N	N	O	C	R	A	G	E	N	M	Y	H	E
2	E	L	A	B	E	L	D	E	U	T	O	N	O	L	Y	N	T	R
3	U	O	T	A	M	E	A	R	I	E	R	T	I	V	U	T	E	E
4	N	A	X	I	A	L	S	T	O	S	E	O	E	R	E	V	L	M
5	E	E	P	A	P	A	L	U	T	P	A	U	P	S	A	U	O	P
6	V	T	L	S	E	B	U	M	R	A	V	R	O	H	A	M	R	L
7	A	S	E	L	L	E	M	U	J	E	G	R	U	T	E	X	D	I
8	T	E	A	L	E	P	U	A	N	T	R	E	S	E	M	E	U	R
9	N	F	U	N	E	Z	S	C	O	L	E	R	E	C	U	E	I	L
10	E	E	L	Q	D	D	A	U	L	E	V	X	I	E	I	A	R	E
11	M	T	X	U	O	R	N	G	B	E	U	U	L	X	H	B	E	U
12	E	U	U	C	T	T	E	A	N	I	O	A	B	T	C	R	C	R
13	U	F	S	I	U	E	E	N	R	O	R	V	A	R	I	U	U	T
14	O	F	A	S	M	R	O	N	U	G	T	A	T	U	M	T	S	S
15	V	A	G	M	E	I	S	L	O	F	E	R	E	D	A	I	E	B
16	E	F	E	U	T	R	E	I	A	H	R	T	E	E	K	S	R	O
17	D	G	R	O	T	M	T	R	O	P	P	A	R	T	O	R	O	N
18	H	A	L	V	A	B	A	S	A	N	E	E	P	A	C	I	D	E

MOT DE 5 LETTRES

Élégance

A	C	E	G	J	P	T
abêti	cargo	effleuré	garçonnet	jabot	pécari	titre
about	cerbère	emmenthal	globe	L	perfide	traîne
adouber	crûment	épart	gotha	limage	péripétie	triplace
agacé	culée	épileur	grume	longe	pineau	trois
appelé	D	escudo	H	M	pylône	V
argot	délivrée	eussent	hommages	méli	R	vélin
avènement	déluré	F	hospice	muletier	ronchonne	voliges
B	démon	fermeté	I	O	S	Z
budgets	dénicher		indéfendable	onglée	salsa	zancle
burin	divorce		indocile		sapide	
			isolat		silhouette	

	1	2	3	4	5	6	7	8	9	10	11	12	13	14	15	16	17	18
1	E	D	E	L	I	V	R	E	E	P	I	N	D	O	C	I	L	E
2	E	C	I	P	S	O	H	M	G	E	R	E	B	U	O	D	A	C
3	R	C	R	S	I	O	G	U	A	R	E	T	E	M	R	E	F	E
4	U	Z	A	O	O	L	N	R	M	F	S	A	P	I	D	E	G	R
5	E	A	C	R	V	L	E	G	I	I	A	H	T	O	G	A	L	B
6	L	N	E	R	G	I	A	U	L	D	A	O	I	A	R	A	O	E
7	F	C	P	N	T	O	D	T	R	E	G	T	P	C	H	I	N	R
8	F	L	U	E	I	T	E	P	I	R	E	P	O	T	T	N	G	E
9	E	E	L	L	T	P	T	A	A	B	E	N	N	R	O	D	E	H
10	T	U	B	I	E	E	U	G	A	L	N	E	I	H	E	E	T	C
11	M	N	T	O	N	E	O	A	E	E	M	P	C	S	P	F	T	I
12	S	R	E	I	L	P	B	C	T	M	L	N	C	A	B	E	E	N
13	E	E	A	S	Y	G	A	E	E	A	O	U	R	L	U	N	U	E
14	N	R	G	L	S	N	R	S	C	R	D	T	C	S	D	D	O	D
15	T	I	O	I	I	U	I	E	T	O	B	A	J	A	G	A	H	E
16	E	N	L	R	L	O	E	C	R	U	M	E	N	T	E	B	L	M
17	E	E	U	E	R	O	S	E	G	A	M	M	O	H	T	L	I	O
18	M	B	D	T	V	A	V	E	N	E	M	E	N	T	S	E	S	N

MOT DE 9 LETTRES

Satanique

A	C	épié	G	L	paysan	T
abusifs	carré	évoqué	gnose	livre	poney	taïga
adopté	ciselé	F	graduel	M	R	tamia
adoré	clou	factitif	H	marelle	rempli	triol
afflué	commensal	fémur	halbi	maul	repérage	trivialité
aïoli	D	fente	hâlé	métabole	riant	V
antre	dentelure	fesse	henry	O	S	vernir
avanie	dragée	feston	hostie	octave	scutum	vogue
aviser	E	flouve	humus	P	séduis	
B	échu	fomenté	J	pacha	silex	
bocard	égout		jugal	palme	sœur	
buter	enficher			parc	solitude	
					stalag	

	1	2	3	4	5	6	7	8	9	10	11	12	13	14	15	16	17	18
1	M	E	I	N	A	V	A	S	B	L	R	E	P	E	R	A	G	E
2	M	C	A	R	R	E	O	A	H	U	E	S	F	I	S	U	B	A
3	A	H	C	A	P	L	G	E	I	G	T	U	V	E	R	N	I	R
4	R	A	L	A	I	A	N	L	A	O	P	E	D	H	S	F	E	E
5	E	L	O	T	L	R	T	R	I	O	L	O	R	A	A	S	E	M
6	L	E	U	A	Y	A	D	O	P	T	E	I	N	C	R	L	E	P
7	L	D	T	R	I	V	I	A	L	I	T	E	T	E	O	G	B	L
8	E	S	G	N	O	S	E	D	U	I	S	I	X	B	Y	F	A	I
9	E	D	E	N	T	E	L	U	R	E	T	E	A	S	R	S	E	J
10	E	T	I	N	O	T	S	E	F	I	L	T	O	E	N	N	U	A
11	T	U	N	R	U	M	E	F	F	I	E	E	S	E	F	G	D	A
12	A	T	Q	E	C	H	U	B	S	M	U	I	M	I	A	O	I	Q
13	I	U	H	O	M	E	L	O	P	R	V	M	C	L	R	M	L	E
14	G	O	P	O	V	O	F	C	A	A	O	H	V	E	A	R	I	V
15	A	G	M	A	S	E	F	A	Y	C	E	U	O	T	N	I	V	U
16	U	E	T	A	L	T	A	R	S	R	P	M	G	N	T	A	R	O
17	S	C	U	T	U	M	I	D	A	A	I	U	U	E	R	N	E	L
18	O	C	I	S	E	L	E	E	N	P	E	S	E	F	E	T	E	F

MOT DE 4 LETTRES

Antichambre

A	**C**	**D**	gramme	**L**	**P**	**T**
abêtis	câliner	datage	grouse	lambda	pagus	tarama
abuser	canal	déloger	**H**	licol	périlleux	téléski
affinage	canuler	dextre	haler	**M**	perte	ténuité
apidé	capité	**E**	havir	ménager	pistage	**V**
arche	carreleur	éculé	hidjab	**N**	**R**	vamp
arthrose	catéchèse	éducation	**I**	nuire	ramas	venin
B	cocufié	étaler	idylle	**O**	**S**	vièle
bandière	colibri	**G**	immixtion	omoplate	sentencieux	voici
bénir		giravion	**K**			voile
béton		girofle	ketch			vrac
blush		girond	kilomètre			
boutoir		glycérine				

	1	2	3	4	5	6	7	8	9	10	11	12	13	14	15	16	17	18
1	B	E	N	I	R	E	C	Y	L	G	E	S	O	R	H	T	R	A
2	A	G	E	R	E	G	L	S	E	N	T	E	N	C	I	E	U	X
3	B	R	G	B	T	I	A	I	R	E	O	M	E	N	A	G	E	R
4	U	O	A	I	I	R	N	K	I	L	O	M	E	T	R	E	G	E
5	S	U	N	L	P	A	A	S	O	F	A	A	O	E	A	I	T	V
6	E	S	I	O	A	V	C	E	T	O	R	R	H	P	R	A	O	E
7	R	E	F	C	C	I	V	L	U	R	C	G	I	O	L	I	C	N
8	E	I	F	U	C	O	C	E	O	I	H	D	N	E	L	A	U	I
9	E	B	A	I	I	N	A	T	B	G	E	D	R	E	N	I	T	N
10	T	H	E	C	M	P	R	N	O	I	T	A	C	U	D	E	H	E
11	I	E	I	T	A	M	I	U	L	O	C	I	L	Y	D	A	G	S
12	U	C	C	D	O	T	I	S	E	V	I	E	L	E	V	A	U	E
13	N	A	L	U	J	N	E	X	T	L	R	L	L	I	T	G	R	A
14	E	L	R	E	L	A	H	C	T	A	E	O	R	A	A	T	D	H
15	T	I	S	I	T	E	B	A	H	I	G	R	D	P	X	B	C	S
16	R	N	T	A	R	A	M	A	S	E	O	E	R	E	M	T	A	U
17	E	E	B	A	N	D	I	E	R	E	S	N	D	A	E	A	R	L
18	P	R	X	U	E	L	L	I	R	E	P	E	L	K	C	L	V	B

MOT DE 7 LETTRES

Séraphin

	1	2	3	4	5	6	7	8	9	10	11	12	13	14	15	16	17	18
1	P	R	F	I	B	R	E	A	S	U	P	E	R	R	R	D	E	R
2	X	A	E	E	T	S	U	O	G	N	A	M	E	N	E	O	E	E
3	R	U	R	I	N	M	E	S	T	R	E	R	D	I	L	U	S	I
4	E	T	E	E	R	N	L	E	R	O	T	R	I	A	I	M	U	D
5	I	U	R	I	I	P	P	E	R	E	R	E	R	V	U	I	J	R
6	R	M	V	R	V	L	S	E	N	E	G	P	B	E	H	G	A	O
7	E	I	U	G	A	O	F	E	U	L	G	P	D	L	R	R	R	C
8	M	Z	O	T	L	L	P	G	O	A	O	O	E	A	E	A	A	E
9	A	A	R	U	U	C	A	I	C	A	U	L	C	B	R	T	S	B
10	C	A	B	E	A	R	R	S	H	R	R	E	E	O	E	I	E	R
11	S	L	R	C	L	E	E	E	E	K	O	V	N	M	G	O	R	E
12	E	S	T	E	C	A	R	N	R	L	E	E	N	I	L	N	O	H
13	E	U	U	U	M	T	M	H	I	I	C	D	A	N	A	M	O	R
14	S	Y	I	N	T	A	F	B	E	U	A	N	L	E	N	I	H	C
15	N	R	R	O	I	O	L	I	I	N	Q	L	O	R	E	D	A	N
16	E	T	N	A	H	M	G	C	T	N	I	A	O	R	I	T	O	L
17	S	N	R	E	S	I	O	R	C	E	E	U	T	M	U	L	E	V
18	E	E	G	A	N	I	A	L	E	A	R	R	M	S	A	F	R	E

JEU 90

MOT DE 7 LETTRES

Instrument à battre la crème

A	C	F	L	O	S	V
abattoir	calabrais	fermier	lampion	oraison	sérologie	vermiculure
abricot	camisole	fixisme	lattage	**P**	sorbe	
agité	châtain	formalité	linceul	parapher	supporter	
ânonnement	coing	fusillade	**M**	pétrifier	**T**	
arythmie	cyclopéen	**G**	macassar	pigmenter	tacheté	
B	**D**	galop	mach	pyrène	talus	
bagarrer	drache	greffoir	muer	**R**	turbidité	
bile	**E**	**I**	**N**	ramas		
biome	échapper	ignare	nécessiter	rougeoyer		
blésité	éjection	inhiber		ruée		
briquet						

	1	2	3	4	5	6	7	8	9	10	11	12	13	14	15	16	17	18
1	N	O	S	I	A	R	O	A	N	O	N	N	E	M	E	N	T	B
2	O	R	I	O	F	F	E	R	G	P	A	R	Y	T	H	M	I	E
3	I	R	N	R	E	O	E	H	Y	C	A	L	A	B	R	A	I	S
4	T	O	E	E	R	U	R	R	P	S	E	R	O	L	O	G	I	E
5	C	U	E	I	M	G	E	M	S	A	C	A	M	I	S	O	L	E
6	E	G	P	F	I	N	N	A	A	O	R	L	I	N	C	E	U	L
7	J	E	O	I	E	G	C	I	A	L	R	A	A	E	C	E	R	E
8	E	O	L	R	R	A	N	R	O	G	I	B	P	T	H	D	E	R
9	P	Y	C	T	M	O	I	A	S	C	I	T	E	E	A	A	T	U
10	O	E	Y	E	I	O	B	U	R	R	T	T	E	H	T	L	I	L
11	L	R	C	P	T	L	P	L	E	E	O	E	E	C	A	L	D	U
12	A	A	M	T	E	P	A	T	R	F	C	B	T	A	I	I	I	C
13	G	A	A	S	O	T	N	E	R	H	I	D	R	T	N	S	B	I
14	L	B	I	R	T	E	B	T	A	C	R	X	R	I	T	U	R	M
15	A	T	T	A	M	I	A	P	G	A	B	U	I	A	Q	F	U	R
16	E	E	G	G	H	L	P	S	A	M	A	R	E	S	C	U	T	E
17	R	E	I	N	U	E	L	I	B	B	I	O	M	E	M	H	E	V
18	E	P	I	S	R	R	E	T	I	S	S	E	C	E	N	E	E	T

MOT DE 6 LETTRES

JEU
91

Ce qui reste au fond du plat après la cuisson

A	boycotter	D	I	mulet	pédaler	S
acculer	brout	débâcler	indolore	muscler	pelure	salin
aligné	C	E	inférence	N	pilote	serte
ammonite	cafre	épurer	L	nichet	plectre	sympa
annuel	cardon	escorte	lento	nocer	poche	T
aride	chiot	F	linter	O	pompes	tombe
B	ciguë	femme	lobby	océan	R	
baille	concerté	fiels	M	oghamique	remarque	
barbue	cratère	figer	maté	orgue	réveillon	
barre	croupe	fléau	mètre	ouïr	rognon	
barrit	culte	G	morio	P		
blocaille		gemmer	morne	parqueter		
		gypse		paumée		

	1	2	3	4	5	6	7	8	9	10	11	12	13	14	15	16	17	18
1	E	S	B	R	R	O	I	R	O	M	E	E	T	E	G	E	D	T
2	U	Y	A	E	P	E	U	G	I	C	U	P	T	O	T	N	E	L
3	G	M	R	C	E	R	L	N	R	Q	A	L	U	R	I	L	B	E
4	R	P	R	O	D	T	D	U	R	E	U	M	E	O	U	H	A	S
5	O	A	E	N	A	O	O	A	C	C	T	C	M	M	R	A	C	C
6	B	A	I	L	L	E	M	L	R	C	N	E	B	O	E	C	L	O
7	R	E	B	O	E	E	E	E	I	O	A	E	U	A	N	T	E	R
8	E	T	R	L	R	T	R	N	C	P	G	I	D	Q	R	I	R	T
9	T	E	O	F	O	R	E	R	U	P	E	N	P	I	R	R	T	E
10	T	N	S	M	A	C	T	O	U	I	R	F	O	I	R	A	I	E
11	O	G	B	P	B	C	A	M	L	E	R	E	M	N	P	A	P	T
12	C	I	A	N	Y	E	R	I	T	E	G	R	P	E	L	U	R	E
13	Y	L	R	B	E	G	C	N	L	E	U	E	E	O	E	A	F	N
14	O	A	B	M	F	T	I	C	M	L	H	N	S	C	C	E	E	O
15	B	O	U	I	U	L	S	M	A	T	E	C	N	E	T	L	M	D
16	L	A	E	O	A	U	E	H	C	O	P	E	I	A	R	F	M	R
17	P	L	R	S	M	R	E	V	E	I	L	L	O	N	E	T	E	A
18	S	B	F	I	G	E	R	E	U	Q	I	M	A	H	G	O	E	C

MOT DE 5 LETTRES

Pierre fine d'un bleu azur

A	**D**	**F**	lituus	**P**
abus	darne	fanfaron	lorry	pendable
amerris	décrisper	flatteuse	**M**	penon
apogée	démené	fumoir	marcassin	pièze
B	dévasté	**I**	mayen	prime
bétel	doline	iléus	mutin	prophétique
blende	drome	ivette	**N**	puces
bornée	**E**	**J**	nicol	**R**
C	écume	jacée	**O**	radin
calmar	élier	**L**	oser	rendre
chartreux	épigé	ladre		réplétion
constaté	étable	lame		rosat
coprah				

S	tonal
sauvé	trinquer
siens	**V**
soupe	vison
suivi	vocal
surin	volée
synchrone	**Y**
T	yole
tavel	
tenure	
terrasse	
thermo	
tireur	

	1	2	3	4	5	6	7	8	9	10	11	12	13	14	15	16	17	18
1	E	R	E	N	R	A	D	E	N	O	R	H	C	N	Y	S	C	R
2	L	E	L	L	M	D	E	F	R	E	E	R	C	T	U	A	O	E
3	B	I	O	A	O	V	A	A	S	T	E	S	H	B	O	S	P	D
4	A	L	Y	L	U	N	M	S	S	P	I	U	A	S	A	N	R	N
5	D	E	I	A	F	L	A	A	S	R	S	U	R	T	I	O	A	E
6	N	N	S	A	A	R	V	I	R	E	U	T	T	E	M	E	H	L
7	E	I	R	C	R	E	R	E	N	S	I	I	R	E	Z	P	N	B
8	P	O	V	E	D	C	M	T	E	O	V	L	E	I	L	E	U	S
9	N	D	T	E	E	A	L	A	E	G	I	L	U	N	O	S	I	V
10	R	N	E	D	T	E	A	B	C	N	O	T	X	Y	I	M	I	P
11	U	I	M	M	V	T	M	L	A	V	I	P	E	P	R	D	U	S
12	E	R	U	A	E	B	E	E	J	V	O	C	A	L	R	R	A	F
13	R	U	T	P	O	N	E	T	A	T	S	N	O	C	P	I	O	R
14	I	S	I	R	N	R	E	U	Q	N	I	R	T	L	E	E	M	L
15	T	G	N	O	M	A	R	C	A	S	S	I	N	A	P	C	R	E
16	E	E	N	E	R	D	N	E	R	U	N	E	T	D	U	U	E	T
17	E	E	E	U	Q	I	T	E	H	P	O	R	P	R	O	M	H	E
18	P	F	L	A	T	T	E	U	S	E	P	U	C	E	S	E	T	B

MOT DE 5 LETTRES

Petit bouclier en forme de croissant

A	D	G	L	P	réchauffé	U
amadoués	débarras	galle	létal	palus	reflets	uvée
B	E	gangréner	litham	paqson	S	V
bogie	écumer	givrage	loris	phaéton	stéatite	vanne
bornoyer	édifiant	gobie	M	phormion	T	verrou
bricelet	énième	grenu	mazot	plexus	talle	vexer
C	F	H	N	plume	tenant	vital
carrousel	fabriquer	hampe	niet	prune	tonture	vomer
céans	fadaise	I	O	R	topaze	Z
celluloïd	fondement	incurieux	œils	radis	toréer	zeste
chant		inépuisable	ossature	rancir		
		intermittence		ravisseur		

	1	2	3	4	5	6	7	8	9	10	11	12	13	14	15	16	17	18
1	F	S	L	E	T	A	L	L	E	T	N	E	M	E	D	N	O	F
2	A	U	T	E	C	N	E	T	T	I	M	R	E	T	N	I	S	P
3	D	X	E	N	U	R	P	I	N	C	U	R	I	E	U	X	A	B
4	A	E	V	I	A	R	E	C	H	A	U	F	F	E	M	L	R	O
5	I	L	I	E	G	I	R	E	F	L	E	T	S	A	U	E	R	R
6	S	P	T	P	X	O	F	I	R	A	E	P	Z	S	N	I	A	N
7	E	V	A	N	N	E	B	I	N	O	B	O	M	E	L	B	B	O
8	N	E	L	L	A	G	R	T	D	E	T	R	R	A	R	O	E	Y
9	S	O	R	E	M	O	V	O	C	E	P	G	I	I	H	G	D	E
10	N	P	I	E	M	E	I	N	E	E	N	U	C	Q	A	T	Z	R
11	A	A	T	M	N	I	E	T	R	A	L	E	I	R	U	E	I	S
12	E	Q	N	U	R	O	U	U	G	R	L	L	V	S	S	E	E	L
13	C	S	A	L	T	O	T	R	U	E	A	I	U	T	A	U	R	R
14	L	O	H	P	R	A	H	E	T	N	G	D	E	L	O	B	A	S
15	O	N	C	R	S	T	O	P	A	Z	E	N	I	D	O	N	L	E
16	R	U	E	S	S	I	V	A	R	H	A	R	A	S	C	I	E	E
17	I	V	O	E	C	U	M	E	R	N	P	M	G	I	E	V	D	E
18	S	T	E	A	T	I	T	E	T	C	A	R	R	O	U	S	E	L

MOT DE 7 LETTRES

Fabricant d'instruments à cordes

A	C	E	G	J	P	S
abats	cabillaud	écharpe	gamme	jubarte	panacée	sacrifier
abruti	cappa	éléate	grabat	L	pâtis	stèle
adroit	cargue	estampillage	H	laird	pâton	T
aimer	cintre	F	hagard	larme	pâtre	tégument
airer	conclus	fécule	harengère	M	plaire	V
amerri	coxal	flageoler	I	mouillage	R	vulcain
ampli	décennie	flèche	imbu	O	rami	
anobli	déchargée	fouage	infirmant	œufrier	rayure	
appréhendé		frais	iras	opéré	resserré	
B				ouïes	réussir	
broquel					rioter	
					roture	

	1	2	3	4	5	6	7	8	9	10	11	12	13	14	15	16	17	18
1	R	E	I	R	F	U	E	O	I	F	S	A	B	R	U	T	I	C
2	L	T	I	O	R	D	A	R	R	L	N	E	A	L	A	M	O	L
3	F	E	U	R	R	T	R	A	R	O	P	Y	I	B	B	N	A	E
4	L	M	U	A	A	E	I	I	B	E	U	M	A	U	C	X	L	A
5	E	R	G	Q	M	S	C	L	S	R	S	R	A	L	O	U	E	P
6	C	A	M	A	O	E	I	A	E	S	G	S	U	C	C	C	P	P
7	H	L	O	T	E	R	E	H	B	R	U	S	E	E	P	I	R	R
8	E	D	U	N	R	E	B	G	E	I	E	E	F	R	A	N	A	E
9	T	E	I	A	I	R	C	C	R	T	L	I	R	A	T	T	H	H
10	R	C	L	M	A	T	A	A	P	A	A	L	F	M	I	R	C	E
11	A	E	L	R	L	A	R	P	N	A	H	E	A	I	S	E	E	N
12	B	N	A	I	P	P	G	P	I	A	T	C	L	U	R	E	A	D
13	U	N	G	F	F	O	U	A	G	E	P	O	E	E	D	C	B	E
14	J	I	E	N	T	N	E	M	U	G	E	T	N	D	R	I	A	L
15	R	E	M	I	A	H	A	R	E	N	G	E	R	E	P	O	T	S
16	R	I	O	T	E	R	E	G	A	L	L	I	P	M	A	T	S	E
17	R	O	T	U	R	E	L	O	E	G	A	L	F	S	T	E	L	E
18	E	M	M	A	G	R	R	R	E	R	I	A	V	U	L	C	A	I	N

MOT DE 9 LETTRES

Grenats aluminoferreux

A	C	discompte	G	M	P	T
acons	cafetière	doucher	gable	marié	préaviser	tramway
acter	cagerotte	E	gâter	morfil	R	U
aérodynes	cétone	épaufrer	gouacher	N	râble	urbanité
agréée	coriace	extraire	I	naval	rebâcher	V
agricole	croquet	F	imine	O	rhéteur	veinure
apuré	D	ferreur	invivable	obligeance	S	
B	degré	flûtiau	iouler	oméga	scalp	
bilboquet	délavé	frisottis	L	opacité	slovène	
brigadier	dentelle		living		steppe	
brisé	désœuvré				suage	
	dessin					

	1	2	3	4	5	6	7	8	9	10	11	12	13	14	15	16	17	18
1	R	U	E	R	R	E	F	E	B	E	T	I	N	A	B	R	U	E
2	A	G	R	E	E	E	E	R	L	R	E	R	U	N	I	E	V	L
3	P	L	A	C	S	T	I	T	A	O	E	E	N	I	M	I	F	B
4	G	E	E	N	T	S	C	M	T	I	C	G	N	I	V	I	L	A
5	O	R	P	A	E	E	W	A	D	O	L	I	F	R	O	M	U	G
6	U	V	A	E	S	A	U	A	D	E	R	R	R	A	E	S	T	E
7	A	U	U	G	Y	L	G	Q	R	O	I	E	E	G	E	T	I	M
8	C	E	F	I	D	I	O	E	O	S	U	L	G	N	A	R	A	O
9	H	O	R	L	R	E	I	V	O	B	L	C	Y	A	A	R	U	G
10	E	S	E	B	E	T	G	T	E	E	L	D	H	M	C	E	D	I
11	R	E	R	O	E	N	T	R	T	N	O	I	D	E	S	S	I	N
12	L	D	M	F	I	I	I	O	N	E	R	E	L	B	A	R	I	S	V
13	E	G	A	U	S	O	E	T	E	A	L	A	V	A	N	V	C	I
14	A	C	O	N	S	D	U	A	E	A	P	U	R	E	N	A	O	V
15	R	U	E	T	E	H	R	L	E	C	A	I	R	O	C	E	M	A
16	D	E	P	P	E	T	S	R	E	B	A	C	H	E	R	R	R	P	B
17	O	P	A	C	I	T	E	I	C	R	O	Q	U	E	T	P	T	L
18	N	E	V	A	L	E	D	E	X	T	R	A	I	R	E	S	E	E

MOT DE 10 LETTRES

Serpe servant à ébrancher les arbres

A	C	E	H	M	P	R
aboli	cieux	escher	halle	médailler	patch	ramer
abouti	coach	ethnie	heure	**N**	pelé	relouer
abrupt	copie	expirer	I	native	perdu	**S**
adoptions	**D**	**F**	idée	**O**	pieux	stand
agité	décanté	fonio	**J**	oille	pimenté	stucco
aiche	décroché	forme	jacobus	oison	presto	**U**
B	dégelant	fuite	**L**	oseille	prieur	unau
barbacane	dental	**G**	ligne		prouvé	**V**
bénévolat	dépenses	gâche			puîné	vibré
bisser	deviné	galet				virée
blair	dicté	gnète				volubilis
busqué	drège	gouffre				

	1	2	3	4	5	6	7	8	9	10	11	12	13	14	15	16	17	18
1	E	T	N	E	M	I	P	R	E	R	F	D	E	N	I	V	E	D
2	E	N	I	U	P	P	E	E	I	V	E	O	R	U	E	I	R	P
3	R	E	M	A	R	R	L	A	L	T	I	L	N	E	N	E	F	A
4	E	O	S	E	I	L	L	E	A	E	T	L	I	G	A	F	I
5	M	B	S	P	V	B	I	L	T	U	R	R	A	I	O	E	U	C
6	R	T	X	I	G	A	O	I	Q	L	E	D	E	N	A	A	O	H
7	O	E	B	A	B	V	U	S	A	L	D	E	E	V	O	D	G	E
8	F	R	C	R	E	F	U	T	O	N	S	E	P	C	U	S	E	N
9	E	H	U	N	E	B	N	U	A	C	N	C	G	I	A	O	I	M
10	E	P	E	T	O	E	E	T	H	B	O	V	T	E	E	N	R	O
11	T	B	E	C	D	R	S	E	A	I	I	O	D	E	L	U	T	P
12	E	N	A	C	A	B	R	A	B	S	T	L	E	I	L	A	X	E
13	G	J	H	X	U	E	I	C	O	S	P	U	P	D	C	A	N	O
14	P	A	U	E	N	G	I	L	L	E	O	B	E	E	I	T	G	T
15	A	G	D	A	B	O	U	T	I	R	D	I	N	E	R	U	E	H
16	T	I	R	E	T	H	N	I	E	R	A	L	S	H	C	A	O	C
17	C	T	E	D	E	C	R	O	C	H	E	I	E	V	I	R	E	E
18	H	E	P	E	I	P	O	C	C	U	T	S	S	H	A	L	L	E

MOT DE 4 LETTRES

Personne attachée à une terre et dépendant du seigneur

A	C	D	G	L	R	T
actées	caissette	débardage	gallo	lorgnette	radon	taulard
adiré	captation	déchu	gaude	**M**	relaté	tette
admirées	causette	décoffrer	goder	mendiante	remodelage	tommy
assommer	chevelure	délivrer	godet	**N**	reperdre	torr
aveline	cidre	**E**	graissage	nantis	rônier	**V**
B	claie	échelon	**H**	**O**	**S**	vagues
bornage	cognement	envieux	huit	opérer	saxon	voilà
bruant	crosse	**F**	**J**	ossète	sécurisé	
		fard	jailli	**P**	sierra	
		fenil	**K**	pinasse	solen	
		flétan	kappa	pourtant	stellaire	
				prises		

	1	2	3	4	5	6	7	8	9	10	11	12	13	14	15	16	17	18
1	A	F	A	R	D	S	E	T	C	A	P	T	A	T	I	O	N	T
2	X	L	E	T	E	S	S	O	N	R	E	R	E	P	O	A	J	A
3	U	E	I	U	L	G	S	F	E	A	U	H	C	E	D	R	A	U
4	E	T	G	O	I	R	O	E	T	A	U	L	U	M	A	O	I	L
5	I	A	O	M	V	A	R	N	A	D	A	R	I	I	C	N	L	A
6	V	N	D	E	R	I	C	I	L	I	S	R	B	I	T	I	L	R
7	N	R	E	N	E	S	S	L	E	R	E	E	D	A	E	E	I	D
8	E	E	T	D	R	S	I	E	R	E	G	R	S	E	E	R	C	G
9	E	R	N	I	T	A	E	V	S	A	E	S	R	S	S	A	A	E
10	R	F	E	A	E	G	R	A	D	I	O	C	S	E	I	U	R	T
11	U	F	M	N	T	E	R	R	C	M	R	A	H	S	D	I	R	T
12	L	O	E	T	T	N	A	E	M	A	N	P	S	E	A	O	E	E
13	E	C	N	E	E	B	A	E	P	I	U	E	O	L	L	A	G	N
14	V	E	G	L	E	F	R	T	P	E	T	S	L	Y	S	O	A	G
15	E	D	O	D	N	O	D	A	R	T	R	E	E	A	M	N	N	R
16	H	S	C	K	A	P	P	A	E	U	T	D	X	T	T	M	R	O
17	C	E	S	I	R	U	C	E	S	S	O	O	R	I	T	O	O	L
18	R	E	M	O	D	E	L	A	G	E	N	P	S	E	T	E	B	T

JEU 98

MOT DE 4 LETTRES

Insecte piqueur

A	C	E	J	M		T
acérer	cane	eaux	jaïna	marli	presbyte	tapée
âcre	carène	écorce	jambe	mouron	promesse	tenter
aiguës	cassoulet	éditer	jaspe	P	Q	thune
asialie	céder	énoncé	justes	pampre	quine	tomenteux
astate	corrigées	éparpiller	L	parricide	R	tonie
B	cotte	G	lamento	paume	rocher	trié
balbutier	crack	garo	lège	perré	S	trompeter
balconnière	D	germe	leste	phénomène	simplifié	tutu
baratin	déchiré	gourd	louve	pilet	sise	V
boisé	doute		lycope	polie	sucres	vinyle
				potage		Z
				présager		zombi

	1	2	3	4	5	6	7	8	9	10	11	12	13	14	15	16	17	18
1	P	R	E	S	B	Y	T	E	L	P	S	A	I	T	S	T	E	O
2	S	E	P	I	A	L	Y	C	O	P	E	N	L	R	I	S	T	N
3	E	P	H	M	L	V	E	L	U	I	U	I	R	I	S	N	I	E
4	E	A	E	P	B	A	I	G	V	L	G	A	A	E	E	T	G	I
5	G	R	N	L	U	E	I	N	E	E	I	J	M	M	A	A	B	E
6	I	P	O	I	T	E	N	S	Y	T	A	O	A	R	T	M	M	X
7	R	I	M	F	I	D	C	U	A	L	R	L	A	O	O	U	U	T
8	R	L	E	I	E	I	R	R	H	P	E	B	P	Z	A	A	U	A
9	O	L	N	E	R	C	E	U	A	T	R	O	M	P	E	T	E	R
10	C	E	E	R	E	I	N	N	O	C	L	A	B	Q	U	I	N	E
11	R	R	R	R	M	R	O	R	A	G	K	E	R	I	H	C	E	D
12	R	O	A	E	R	R	N	O	R	U	O	M	J	U	S	T	E	S
13	A	E	C	P	E	A	C	A	N	E	P	R	E	S	A	G	E	R
14	C	E	D	H	G	P	E	T	U	O	D	E	T	T	O	C	E	J
15	E	T	O	E	E	E	R	P	M	A	P	I	S	O	R	T	A	A
16	R	S	S	U	C	R	E	S	I	O	B	A	T	O	N	M	C	S
17	E	E	P	A	T	E	L	U	O	S	S	A	C	E	B	I	R	P
18	R	L	X	U	E	T	N	E	M	O	T	E	T	E	R	N	E	E

MOT DE 6 LETTRES

Lunaire

A	B	D	G	M	R	T
abusé	baser	déguenillé	galon	myosis	rager	tacite
acculé	bletti	difficile	ganterie	N	raide	tartare
actes	bluet	duègne	I	navigué	reçus	temné
agates	borie	E	imao	nivéen	remplacée	V
aléseuse	buée	embu	interlude	P	ricin	viner
allégées	C	enjôleur	J	pause	S	
allègres	carné	envoyée	jobard	paxon	sayon	
aplatir	chiquenaude	explorer	L	payés	scellé	
apoïde	colin	F	labié	pendu	short	
arec	comte	friper	location	poisse		
atelier				poquet		
				prométhéen		

	1	2	3	4	5	6	7	8	9	10	11	12	13	14	15	16	17	18
1	S	A	P	E	D	U	A	N	E	U	Q	I	H	C	E	N	E	E
2	N	P	A	A	B	D	I	F	F	I	C	I	L	E	S	I	L	N
3	O	O	Y	M	X	M	S	E	E	G	E	L	L	A	U	L	L	E
4	L	I	E	E	Y	O	V	N	E	V	I	N	E	R	E	O	I	E
5	A	D	S	O	A	E	N	J	O	L	E	U	R	C	S	C	N	H
6	G	E	S	L	N	L	N	E	E	P	O	I	S	S	E	L	E	T
7	U	I	E	O	O	A	L	T	N	N	I	C	I	R	L	A	U	E
8	S	D	Y	C	V	C	I	E	E	G	R	M	F	T	A	B	G	M
9	A	A	N	I	A	C	A	N	G	A	E	E	A	R	T	I	E	O
10	S	R	G	E	A	L	R	T	I	R	S	U	E	O	I	E	D	R
11	E	U	E	T	P	A	P	D	I	U	E	G	D	H	R	P	L	P
12	E	L	U	C	C	A	E	M	B	O	A	S	U	S	E	A	E	B
13	R	I	T	A	L	P	A	A	E	N	N	N	L	J	R	T	C	R
14	A	G	A	T	E	S	R	E	T	R	L	I	R	O	O	E	O	E
15	T	E	U	L	B	E	S	E	T	C	A	V	E	B	L	L	M	I
16	R	E	C	U	S	U	R	P	O	Q	U	E	T	A	P	I	T	R
17	A	U	E	A	A	I	R	E	G	A	R	E	N	R	X	E	E	O
18	T	B	B	P	E	T	E	M	N	E	N	N	I	D	E	R	E	B

MOT DE 8 LETTRES

Destiner

A	B	dément	G	M	R	T
abjecte	balancine	dosseret	gaule	merlan	raser	tactique
accort	bolée	E	gnome	métier	rêche	totémique
adieux	brillé	érudit	H	minas	recteur	touer
aparté	C	étalon	hautain	N	réfaction	V
ardents	caser	éveiller	L	nier	réprouvé	varan
arrimer	coloré	éventaire	lacer	O	S	
artificiel	croupi	examiner	léchage	ossu	salopette	
audit	D	F	linéal	Q	skiff	
autiste	dater	fibrome	loque	quint	suave	
	décor	formaliste			suffire	
	dédier	fourbi			surettes	
		freux				

	1	2	3	4	5	6	7	8	9	10	11	12	13	14	15	16	17	18
1	T	R	O	C	C	A	E	N	R	N	G	N	O	M	E	A	S	L
2	N	E	S	A	G	R	C	I	E	C	O	L	O	R	E	U	A	E
3	I	C	S	A	I	M	R	A	M	E	D	I	L	L	F	D	N	C
4	U	A	U	F	T	E	O	T	I	D	R	O	T	I	A	I	I	H
5	Q	L	F	O	S	R	U	U	R	R	A	I	S	C	N	T	M	A
6	E	U	U	A	E	L	P	A	R	S	E	T	A	S	A	E	E	G
7	S	E	R	I	F	A	I	H	A	R	U	N	E	T	E	F	A	E
8	R	E	N	I	C	N	A	L	A	B	E	R	I	R	N	R	E	L
9	R	E	T	S	I	L	A	M	R	O	F	P	E	M	E	E	E	R
10	N	E	M	E	U	Q	I	M	E	T	O	T	R	T	A	U	V	T
11	S	A	L	E	T	T	E	P	O	L	A	S	C	O	T	X	N	E
12	E	T	R	L	T	I	D	U	R	E	E	E	I	A	U	E	E	T
13	T	B	N	A	I	I	E	U	C	M	J	R	C	B	M	V	S	R
14	S	R	D	E	V	E	E	L	O	B	E	T	T	E	R	A	E	A
15	I	I	E	E	D	T	V	R	A	I	I	A	D	I	E	U	X	P
16	T	L	C	S	C	R	B	E	D	Q	F	F	I	K	S	S	O	A
17	U	L	O	E	A	I	A	E	U	Q	O	L	R	E	C	H	E	F
18	A	E	R	R	F	C	D	E	A	R	T	I	F	I	C	I	E	L

MOT DE 5 LETTRES

Langue indo-aryenne

A	D	F	H	M	R	T
aiguë	dépoli	ferré	happé	médiation	radian	trieuse
aînées	dermite	filmé	heuse	mœurs	rançon	truffé
angor	dessert	frime	I	myrrhe	rébus	V
B	dingue	frôlé	indéniable	N	révérencieux	veineux
bassesse	drave	furie	L	nazi	rien	vendanger
bidon	E	G	loger	novation	S	W
bouffette	éclore	gardénia	lundi	P	saline	weber
C	émergence	gaupe		piger	sucrée	
canin	employer	génépi		piroguier		
chemisier	empois	gnosie		pirouette		
chiffrer	enfler	grâce		préluder		
commodément						

	1	2	3	4	5	6	7	8	9	10	11	12	13	14	15	16	17	18
1	C	O	M	M	O	D	E	M	E	N	T	A	P	L	U	N	D	I
2	C	R	C	C	B	A	S	S	E	S	S	E	I	S	O	N	G	F
3	A	O	X	H	G	T	E	H	V	R	U	D	G	G	E	I	I	G
4	N	G	U	I	E	N	R	H	E	E	E	C	E	I	U	L	E	A
5	I	N	E	F	N	M	A	I	R	L	N	I	R	P	M	E	M	R
6	N	A	N	F	E	P	I	E	E	R	B	D	U	E	O	C	P	D
7	E	N	I	R	P	R	B	S	E	U	Y	A	A	G	E	L	O	E
8	M	O	E	E	I	U	R	Y	I	B	S	M	I	N	O	O	I	N
9	E	I	V	R	S	U	O	E	T	E	O	E	R	N	G	R	S	I
10	R	T	P	R	E	L	U	D	E	R	R	U	O	A	E	E	I	A
11	G	A	I	O	P	E	R	E	G	E	E	C	F	B	D	D	R	P
12	E	V	M	M	N	T	S	E	P	R	N	S	I	F	R	I	N	A
13	N	O	E	I	R	U	D	U	L	A	A	D	S	A	E	A	A	I
14	C	N	L	U	E	E	A	G	R	F	O	C	V	E	Z	T	F	N
15	E	A	F	H	I	G	D	N	R	N	N	E	E	I	D	U	T	E
16	S	F	W	E	B	E	R	I	E	T	T	E	U	O	R	I	P	E
17	E	L	O	G	E	R	M	D	N	O	I	T	A	I	D	E	M	S
18	F	R	O	L	E	E	X	U	E	I	C	N	E	R	E	V	E	R

MOT DE 6 LETTRES

Anguille

A	C	E	G	L	R	U
allumer	câlins	ébouriffé	gabarit	liberté	rebot	unions
assertion	casbah	émaner	glaner	lividité	révolu	V
aviner	choqué	engouements	H	lourd	riblon	vipérin
B	conseil	environ	hall	lumignon	rivage	Y
bégum	croquer	érigé	hamster	M	rodoir	yeuse
bohème	cyphose	escabeau	hindi	maillure	S	Z
bridé	D	exportateur	I	P	silotage	zonal
brumeux	dauber	F	illégale	panse	spolié	
	dentition	férule	J	pavie	T	
	dotal	funérailles	justifiés	péril	trésorerie	
		furet				

	1	2	3	4	5	6	7	8	9	10	11	12	13	14	15	16	17	18
1	D	R	U	O	L	S	T	N	E	M	E	U	O	G	N	E	E	N
2	E	G	A	V	I	R	N	A	V	I	N	E	R	I	A	G	L	O
3	R	E	M	U	L	L	A	O	V	E	D	I	R	B	S	I	U	L
4	L	E	M	E	H	O	B	A	I	A	C	E	C	R	S	R	R	B
5	E	I	U	E	T	A	P	D	U	N	P	S	A	O	E	E	E	I
6	N	B	E	Q	M	R	B	B	E	I	U	P	L	D	R	S	F	R
7	L	O	O	S	O	A	E	S	V	N	E	O	I	O	T	C	G	S
8	E	I	R	U	N	R	N	B	A	R	T	L	N	I	I	A	A	E
9	X	Z	V	I	R	O	C	E	I	C	O	I	S	R	O	B	B	I
10	P	U	O	I	V	I	C	L	R	L	E	E	T	I	N	E	A	F
11	O	I	E	N	D	N	F	B	E	G	U	M	D	I	S	A	R	I
12	R	L	H	M	A	I	E	F	A	N	A	N	C	U	O	U	I	T
13	T	L	A	A	U	L	T	T	E	I	I	G	E	H	T	N	T	S
14	A	E	M	T	L	R	O	E	L	H	C	Y	P	H	O	S	E	U
15	T	G	S	R	O	L	B	L	R	E	N	A	L	G	B	Q	R	J
16	E	A	T	N	I	D	U	S	E	L	L	I	A	R	E	N	U	F
17	U	L	E	S	A	R	E	I	R	E	R	O	S	E	R	T	F	E
18	R	E	R	E	E	P	R	E	V	O	L	U	M	I	G	N	O	N

MOT DE 4 LETTRES

Abhorrer

A	C	F	L	P	R	U
absent	centriste	ficeler	labre	parer	relevé	urétrite
absidial	cocotte	filon	lithogravure	périr	report	V
accusé	corrodant	fucus	M	peste	S	velot
alarmé	cosse	fumée	menuet	phare	sauveteur	virus
août é	crural	G	mono	pistou	sextant	visée
attaque	D	gerboise	N	ployé	sima	
B	délivrant	guelte	nitrate	pochouse	T	
biturer	E	H	O	propagé	tender	
	effrayant	hériter	obtenus		têtue	
	encenser	houri	originalité		textile	
	enjouée		ôter		tisseur	
	éparvin					

	1	2	3	4	5	6	7	8	9	10	11	12	13	14	15	16	17	18
1	D	E	L	I	V	R	A	N	T	R	E	L	E	V	E	L	O	T
2	E	T	S	E	P	E	E	S	I	V	M	O	B	T	E	N	U	S
3	L	I	T	H	O	G	R	A	V	U	R	E	T	E	N	D	E	R
4	E	T	I	R	T	E	R	U	P	L	A	I	D	I	S	B	A	G
5	C	O	C	O	T	T	E	E	T	H	L	E	N	J	O	U	E	E
6	T	E	O	N	O	M	N	N	S	T	A	E	U	T	E	T	P	R
7	E	E	S	U	C	C	A	A	A	N	E	R	E	R	U	T	I	B
8	U	M	S	H	P	Y	F	N	D	T	E	X	E	F	E	A	S	O
9	N	U	E	E	A	I	T	P	I	O	T	C	T	P	U	T	T	I
10	E	F	R	R	C	I	O	L	C	V	R	A	N	I	A	C	O	S
11	M	I	F	E	S	C	A	E	E	S	R	R	Q	E	L	R	U	E
12	R	F	L	S	H	N	T	E	N	I	U	A	O	U	H	E	E	S
13	E	E	E	O	I	U	R	G	T	E	R	R	P	C	E	G	C	R
14	R	U	U	G	O	E	U	E	R	A	R	U	I	E	R	A	R	F
15	R	S	I	A	P	E	Y	I	I	R	R	B	O	V	I	P	U	I
16	E	R	M	O	L	O	A	B	S	E	N	T	A	H	T	O	R	L
17	O	I	R	T	L	S	E	X	T	A	N	T	I	L	E	R	A	O
18	S	T	E	P	R	U	E	T	E	V	U	A	S	N	R	P	L	N

A	E	G	J	O	Q	T
argus	échafaudage	gazon	jalonné	ogive	quota	table
C	écorché	gésir	L	oued	R	tézig
cannelure	empennage	glapis	lâcher	P	refusé	trimé
cilié	engendrer	grecque	libertaire	papoter	rosse	tronche
coco	épisode	H	lionceau	pâtée	S	truand
consensus	épisode	houer	M	paveur	saine	V
criard	F	house	mordant	pavot	spiral	viser
D	fennec	I	morose	pêchu	subjuguer	vives
daleau	firme	incréé	moulin	pitié		vomissure
déblayer	forsythia		N	prôneur		
décoré			néant			
docker						

	1	2	3	4	5	6	7	8	9	10	11	12	13	14	15	16	17	18
1	C	A	E	E	L	B	A	T	E	E	U	Q	C	E	R	G	R	
2	S	T	G	A	Z	O	N	I	H	S	I	N	C	R	E	E	O	O
3	I	O	A	C	A	A	L	O	U	O	G	O	N	K	P	T	G	S
4	P	U	D	A	E	I	U	F	S	R	C	E	C	O	R	O	I	S
5	A	Q	U	N	C	E	E	A	E	O	E	O	S	I	L	P	V	E
6	L	L	A	N	R	R	I	H	V	M	D	I	M	I	A	A	E	T
7	G	I	F	E	U	N	C	C	C	O	G	E	T	V	R	P	J	A
8	P	O	A	L	E	A	E	R	R	R	M	I	E	I	I	V	E	I
9	R	N	H	U	L	N	E	D	E	E	O	I	Z	V	P	I	R	H
10	O	C	C	R	N	P	E	L	S	U	R	C	S	E	S	S	O	T
11	N	E	E	E	A	B	E	U	A	C	G	D	E	S	T	E	C	Y
12	E	A	F	V	L	P	O	U	E	D	R	U	N	A	U	R	E	S
13	U	U	E	A	I	H	U	H	C	E	P	I	J	E	R	R	D	R
14	R	U	Y	S	U	S	N	E	S	N	O	C	A	B	G	G	E	O
15	R	E	O	E	R	I	A	T	R	E	B	I	L	R	U	N	U	F
16	R	D	N	A	U	R	T	M	O	R	D	A	N	T	D	S	E	S
17	E	E	T	A	P	A	V	O	T	E	M	P	E	N	N	A	G	E
18	E	M	R	I	F	T	R	O	N	C	H	E	M	O	U	L	I	N

MOT DE 5 LETTRES

Usé

A	C	E	H	L	O	S
accus	cercle	écrémé	hoche	lâche	occire	saure
affligé	charnu	épaissir	I	loche	offensive	sériel
alliées	chèrement	éperlan	imparfait	luette	oisif	solin
altérer	ciste	érine	inerte	M	ostéite	surfait
apeuré	cotice	exister	injection	meneau	P	T
arac	couque	F	J	morse	pencher	thermal
assabler	D	fraise	jappe	munir	précision	V
B	décelé	friselis	junte	mutilation	R	vizir
boléro	démontrer	fusillade	K	N	rabot	voire
bonace		G	kystique	nécrose	renié	
		geyser			renoncement	

	1	2	3	4	5	6	7	8	9	10	11	12	13	14	15	16	17	18
1	R	N	A	L	R	E	P	E	E	E	S	I	L	E	S	I	R	F
2	A	E	L	C	R	E	C	E	T	X	E	S	U	R	F	A	I	T
3	F	F	L	F	K	A	R	N	M	T	I	A	F	R	A	P	M	I
4	F	O	R	B	R	Y	U	E	I	E	L	S	C	H	A	R	N	U
5	L	O	I	A	A	J	S	E	T	A	R	E	T	T	E	U	L	E
6	I	F	P	S	I	S	T	T	M	L	A	C	H	E	T	S	I	C
7	G	F	R	O	I	S	S	R	I	L	A	E	E	N	R	R	E	I
8	E	E	E	C	O	F	E	A	E	Q	U	S	O	L	I	N	R	T
9	E	N	C	C	R	H	B	I	M	Q	U	I	V	O	I	R	E	O
10	D	S	I	I	T	E	R	O	U	U	T	E	N	R	E	I	N	C
11	A	I	S	R	I	E	R	O	N	A	N	L	E	R	I	N	O	I
12	L	V	I	E	S	I	C	T	L	A	O	I	C	A	N	J	N	A
13	L	E	O	E	Z	O	E	I	N	C	C	D	R	B	E	E	C	R
14	I	E	N	I	R	S	T	J	H	O	P	E	O	O	R	C	E	E
15	S	H	V	E	R	U	A	E	N	E	M	C	S	T	U	T	M	S
16	U	C	L	O	M	P	A	A	L	L	I	E	E	S	E	I	E	Y
17	F	O	M	E	P	A	I	S	S	I	R	L	D	E	P	O	N	E
18	B	H	P	E	N	C	H	E	R	E	M	E	N	T	A	N	T	G

MOT DE 6 LETTRES

Evzone

A	C	E	H	N	R	U
aculs	cause	ébahie	hanche	noirci	recopier	urgent
adent	collecteur	exaspération	horrifier	noyer	relative	V
ambassade	colombium	excrétion	I	O	repenti	vaincu
amertumes	congé	F	incube	oindre	S	vapeur
amochée	cuissarde	fécondes	J	P	sincère	venues
arnaqueur	D	G	jatte	paria	slalomer	verrine
B	diode	gesse	L	passefiler	soubrette	virtuelle
biner		gorgée	laine	pierrot	T	votation
bongo				ponte	télécran	
				possibilité	toxicité	
					trottiner	

	1	2	3	4	5	6	7	8	9	10	11	12	13	14	15	16	17	18
1	S	S	O	U	B	R	E	T	T	E	S	A	E	E	R	R	T	P
2	E	E	B	U	C	N	I	N	O	I	R	C	I	T	E	U	O	O
3	M	R	C	U	I	S	S	A	R	D	E	U	H	T	L	E	R	N
4	U	E	S	S	E	G	P	A	R	I	A	L	A	A	A	U	R	T
5	T	C	O	L	L	E	C	T	E	U	R	S	B	J	T	Q	E	E
6	R	N	N	R	E	I	F	I	R	R	O	H	E	E	I	A	I	L
7	E	I	O	I	B	N	O	I	T	E	R	C	X	E	V	N	P	E
8	M	S	P	I	A	R	P	V	L	D	F	A	U	I	E	R	O	C
9	A	E	N	O	U	V	O	A	I	E	S	E	R	R	E	A	C	R
10	E	E	T	E	S	T	T	O	S	P	N	T	C	M	G	O	E	A
11	R	R	P	I	A	S	D	R	E	S	U	I	O	O	L	E	R	N
12	E	A	D	T	C	E	I	R	O	E	E	L	R	O	N	N	N	R
13	V	H	I	N	L	I	A	B	L	T	A	F	M	R	O	D	E	T
14	E	O	C	A	I	T	X	L	I	L	T	B	I	Y	E	P	E	E
15	N	G	I	N	I	O	E	O	S	L	I	I	E	L	E	V	G	S
16	U	N	D	O	A	D	E	N	T	U	I	R	N	N	E	N	R	U
17	E	O	N	E	E	H	C	O	M	A	A	T	T	E	O	R	O	A
18	S	B	E	D	A	S	S	A	B	M	A	I	E	C	R	T	G	C

MOT DE 5 LETTRES

Voilier

A	blondine	**E**	**G**	**P**	**Q**	**T**
aber	bluff	échiffe	géminé	pâteux	quotité	trèfle
aboyer	**C**	ergoterie	goujon	pépète	**R**	type
agate	calame	exsudé	grandeur	perce	racer	**V**
agîmes	canne	extirpé	guitare	pesante	reine	voler
albums	choyer	**F**	**J**	pétrifié	ressac	volve
asbeste	cigale	fabriqué	jauge	pintade	revendeur	
auguste	ciller	fiable	jonché	pipit	rôtie	
B	**D**	fonte	**L**	point	**S**	
bandage	divin	fripé	laité	polir	souffrance	
barman	drupe		**M**	précepte	spolier	
bleui	dysboulie		muser	prompt	stade	

	1	2	3	4	5	6	7	8	9	10	11	12	13	14	15	16	17	18
1	G	O	U	J	O	N	C	H	E	N	E	G	R	I	L	O	P	C
2	P	E	T	R	I	F	I	E	A	N	C	A	U	E	T	A	G	A
3	P	E	S	A	N	T	E	M	N	I	R	A	U	I	L	Y	B	S
4	E	D	U	S	X	E	R	A	L	E	E	E	B	G	T	O	P	S
5	E	A	E	T	M	A	C	L	A	I	I	I	E	O	U	A	V	E
6	C	T	C	R	B	U	E	A	I	R	L	L	T	P	Y	S	R	R
7	N	N	H	E	D	R	B	C	T	E	O	U	E	O	O	E	T	E
8	A	I	I	F	I	A	B	L	E	T	P	O	P	G	R	I	R	E
9	R	P	F	L	V	R	B	E	A	O	S	B	E	R	U	F	N	R
10	F	S	F	E	I	A	B	V	C	G	R	S	P	C	O	A	E	T
11	F	E	E	A	N	C	L	L	I	R	E	Y	T	N	R	S	J	P
12	U	M	D	D	B	E	E	O	G	E	V	D	T	I	U	E	A	M
13	O	I	A	A	E	R	U	V	A	Y	E	E	I	M	P	T	P	O
14	S	G	F	E	T	N	I	B	L	O	N	D	I	N	E	I	C	R
15	E	A	R	K	P	S	I	Q	E	H	D	F	F	U	L	B	P	P
16	E	T	I	T	O	U	Q	E	U	C	E	E	X	T	I	R	P	E
17	E	T	P	E	C	E	R	P	R	E	U	A	S	B	E	S	T	E
18	A	B	E	R	R	U	E	D	N	A	R	G	G	E	M	I	N	E

MOT DE 6 LETTRES

Séjour des âmes des justes

A	catin	époux	H	lupus	P	T
abonni	cerise	erre	habituels	luron	passive	teint
abri	chope	F	J	M	pelte	total
actions	civil	faits	jurer	marin	perçu	V
adulation	coder	fiasco	K	micro	R	votre
alliacé	confus	fleurir	kimono	minci	reins	vrillette
B	D	forestier	L	minoterie	S	Z
bouton	débouté	frouer	lascar	N	sabreur	zanzi
brick	déprime	G	listel	neurone	soupir	
C	E	gardienne	lotion		stipuler	
cageot	écrasé	glane	lotte		strier	
cannibale	écroulé	grime	lupin		subit	
carex	endiablé	gringe				

	1	2	3	4	5	6	7	8	9	10	11	12	13	14	15	16	17	18
1	I	Z	N	A	Z	E	E	N	O	R	U	E	N	L	A	T	O	T
2	R	E	L	U	P	I	T	S	E	B	E	P	N	E	U	B	L	G
3	S	C	R	U	E	R	B	A	S	T	O	P	A	I	N	P	R	R
4	O	A	E	S	R	E	T	N	I	E	T	U	O	S	T	A	I	I
5	U	G	D	U	T	T	U	P	E	L	T	E	T	U	S	A	L	N
6	P	E	O	B	O	O	C	S	N	I	E	R	L	O	X	I	C	G
7	I	O	C	I	V	N	R	C	D	S	U	P	U	L	N	G	V	E
8	R	T	S	T	R	I	E	R	A	E	O	A	L	L	I	A	C	E
9	E	T	T	O	L	M	P	R	R	N	B	R	E	U	O	R	F	X
10	B	R	I	C	K	C	C	E	S	O	N	O	C	R	I	D	V	E
11	G	F	A	M	E	E	I	L	N	O	E	I	U	I	R	I	C	R
12	R	I	F	R	M	T	E	N	I	N	D	F	B	T	M	E	O	A
13	I	A	I	I	S	U	I	T	D	E	L	N	L	A	E	N	N	C
14	M	S	N	E	T	J	A	I	P	E	I	O	I	E	L	N	F	S
15	E	C	R	I	U	L	A	R	T	P	V	I	B	R	U	E	U	A
16	I	O	B	R	U	B	I	S	N	O	I	T	C	A	A	R	S	L
17	F	A	E	D	L	M	I	E	S	H	C	O	O	N	O	M	I	K
18	H	R	A	E	E	L	U	O	R	C	E	L	N	O	R	U	L	R

MOT DE 8 LETTRES

Aiglons

A	cartonnée	F	I	N	R	T
aguichées	coati	fayard	intumescent	nette	rance	tiédi
aloès	coche	G	ixer	neutron	redémarrage	V
andin	cocon	galoper	J	P	rejet	vanneuse
azurer	coffre	gestionnaire	juron	palude	remué	Z
B	comma	glome	L	perle	rocailleux	zébré
biome	E	glume	lampe	picot	S	
butte	ébarbé	gobelet	lober	pigne	sachet	
C	ébouer	gober	M	poinçons	secrètement	
cahotement	embrasure	gomme	mages		seine	
canoté	épargner	grive	manigance		sexte	
canton					suçon	

	1	2	3	4	5	6	7	8	9	10	11	12	13	14	15	16	17	18
1	E	T	X	E	S	G	E	S	T	I	O	N	N	A	I	R	E	E
2	R	E	B	O	G	E	A	A	E	I	E	G	E	T	E	X	G	V
3	E	R	F	F	O	C	E	P	S	S	E	N	O	D	O	L	E	I
4	N	M	L	N	H	E	A	H	U	E	I	D	E	B	U	C	R	R
5	X	O	M	E	O	R	N	E	C	E	O	M	I	M	E	L	I	G
6	E	U	T	O	G	R	N	O	S	I	A	L	E	C	E	L	A	P
7	M	R	E	N	G	N	U	N	C	R	U	E	A	A	R	E	E	P
8	O	E	E	L	A	A	O	J	R	U	C	G	C	R	U	U	I	T
9	L	R	C	V	L	C	L	A	C	N	S	A	A	T	S	M	D	P
10	G	U	O	N	N	I	G	O	A	A	H	E	E	O	A	E	R	I
11	T	Z	C	I	E	E	A	G	P	O	N	B	B	N	R	R	A	G
12	E	A	O	C	C	T	I	C	T	E	A	O	U	N	B	B	Y	N
13	J	P	N	O	B	N	T	E	O	R	R	U	T	E	M	E	A	E
14	E	A	A	I	A	C	M	E	B	R	O	E	T	E	E	Z	F	N
15	R	T	O	M	O	E	R	E	B	O	L	R	E	M	A	G	E	S
16	I	M	M	C	N	L	A	M	P	E	S	N	E	U	T	R	O	N
17	E	O	H	T	A	N	D	I	N	T	U	M	E	S	C	E	N	T
18	C	E	E	L	R	E	P	S	E	C	R	E	T	E	M	E	N	T

MOT DE 4 LETTRES

Viaduc

A
actuel
acuminée
apparat
arêtes
B
baion
barde
bases
bécane
bondé

C
cagna
cicéro
codon
D
daphné
déboursé
déparler
dévalé
E
enfants
enfiellé
exempter

F
faîte
farder
filles
fluate
forcés
fulgurant
G
galibi
glycol
goulu

I
irréel
J
jupon
L
lance
laniste
liais

M
maffia
mander
milan
minaret
mosaïste
myome
N
ninas
O
oignon
oiseuse

P
panade
paysannerie
pensé
pilon
praxie
prénommé
R
raidi
rénal
rosalbin

S
secrète
skipper
suros
T
tellement
tille
trésor
truie
V
vivre
vrac

	1	2	3	4	5	6	7	8	9	10	11	12	13	14	15	16	17	18
1	M	R	L	E	M	O	Y	M	N	O	P	U	J	S	E	T	P	P
2	O	O	O	T	N	A	R	U	G	L	U	F	E	P	D	E	R	A
3	S	S	C	E	E	F	D	E	P	A	R	L	E	R	R	R	E	N
4	A	A	Y	R	D	O	T	E	C	A	L	M	U	O	A	A	N	A
5	I	L	L	C	N	R	R	T	I	I	T	R	A	O	B	N	O	D
6	S	B	G	E	O	C	U	D	F	R	C	A	E	N	G	I	M	E
7	T	I	I	S	B	E	I	R	R	E	E	L	R	P	D	M	M	B
8	E	N	E	L	L	S	E	L	L	I	T	N	A	A	P	E	E	O
9	P	R	B	A	A	D	S	E	T	E	R	A	N	N	P	I	R	U
10	T	R	N	E	N	G	E	N	O	N	G	I	O	A	I	P	K	R
11	R	C	A	O	C	A	R	V	N	O	D	O	C	P	S	S	A	S
12	E	O	L	X	C	A	G	N	A	S	O	R	U	S	E	Y	T	E
13	T	I	D	E	I	N	N	E	L	L	E	I	F	N	E	N	A	E
14	P	S	A	T	N	E	M	E	L	L	E	T	F	B	R	N	S	P
15	M	E	P	A	C	U	M	I	N	E	E	A	A	E	I	I	T	E
16	E	U	H	U	F	A	R	D	E	R	N	S	N	N	A	L	I	M
17	X	S	N	L	V	I	V	R	E	T	E	A	A	I	F	F	A	M
18	E	E	E	F	A	I	T	E	S	S	L	S	L	B	A	I	O	N

MOT DE 8 LETTRES

Inscription sur un mur, sur une voiture, etc.

A	C	E	I	nôtres	R	T
aboiteau	charabia	éclaté	indiscret	nuisible	rater	tante
acinus	chevron	écrier	**L**	O	renouveau	tara
acon	coteau	émousser	lette	omble	ribaud	tarif
agapes	**D**	étouffé	leurs	**P**	roulement	téorbe
aigrelets	débité	**F**	**M**	pantoire	roussi	tétras
amour	début	feinte	mechta	papi	**S**	**V**
asthme	dogme	fermium	mucosité	penny	sarde	velte
audace	dune	**G**	myope	perse	script	
B		gloria	**N**	pétré	slave	
badine		groie	neume	placé	suint	
bûche			neuve	poulbot	surfil	
			nippe	prototype		

	1	2	3	4	5	6	7	8	9	10	11	12	13	14	15	16	17	18
1	E	M	H	T	S	A	E	C	A	L	P	S	E	E	E	E	R	D
2	M	T	E	R	C	S	I	D	N	I	U	V	T	L	T	A	E	C
3	U	B	G	N	R	O	U	S	S	I	A	O	B	L	F	B	S	H
4	C	E	A	E	I	A	C	O	N	L	U	I	E	L	I	O	S	E
5	O	C	P	D	B	P	S	T	S	F	S	V	I	T	R	I	U	V
6	S	R	E	I	I	I	A	P	G	F	I	E	F	E	R	A	T	O
7	I	I	R	M	R	N	L	E	U	R	R	R	E	H	T	E	M	O
8	T	E	P	D	U	O	E	N	R	U	T	A	M	I	C	A	E	N
9	E	R	E	A	R	E	M	E	S	O	O	A	C	I	N	U	S	S
10	S	C	R	I	P	T	N	B	T	M	N	D	E	B	U	T	B	T
11	A	U	A	E	T	O	C	O	L	A	S	R	U	E	L	M	E	E
12	R	T	E	I	U	E	B	R	O	E	T	A	U	D	A	C	E	L
13	T	A	H	V	B	L	R	O	U	L	E	M	E	N	T	E	A	E
14	E	R	E	C	U	A	R	P	E	T	A	L	C	E	M	F	G	R
15	T	A	F	O	E	E	R	A	E	N	A	I	E	G	R	R	A	G
16	U	E	P	O	Y	M	N	A	T	N	U	N	O	O	T	O	T	P
17	E	R	I	O	T	N	A	P	H	E	N	D	T	I	T	T	E	A
18	E	P	Y	T	O	T	O	R	P	C	R	Y	E	E	I	E	S	P

MOT DE 6 LETTRES

Orient

A	briseur	E	G	M	P	S
abrasif	bubon	écru	gaver	mains	parenté	suée
aérateurs	C	eczéma	genièvre	maladresse	pilot	sulky
aérostats	câble	émorfiler	gouda	mémorisé	pinède	T
aînés	carte	emporté	goum	moutonner	prévenant	toise
alliée	cela	espace	I	mythe	Q	U
almée	céruse	eyra	indompté	O	quarteron	uval
atonal	D	F	initié	ombrette	quoi	V
B	dégivrer	fiesta	K	omnium	R	vicieux
bâche	devineresse	fripon	karma		raquer	vouer
basta	divagué	front			renouer	
blondir		frousses			rompu	
brai						

	1	2	3	4	5	6	7	8	9	10	11	12	13	14	15	16	17	18
1	E	T	O	N	E	E	M	L	A	E	M	L	A	I	N	E	S	R
2	S	N	M	O	C	R	U	M	D	E	R	E	A	L	L	I	U	E
3	S	A	B	R	R	E	I	A	U	Y	R	V	M	N	L	N	E	N
4	E	N	R	E	U	L	N	I	O	R	B	O	E	O	O	I	E	O
5	R	E	E	T	F	I	M	N	G	A	V	U	S	I	R	T	E	U
6	D	V	T	R	R	F	O	S	S	O	G	C	R	T	N	I	A	E
7	A	E	T	A	I	R	I	T	U	A	E	O	E	E	A	E	S	R
8	L	R	E	U	P	O	A	E	V	V	M	V	R	L	H	T	G	E
9	A	P	A	Q	O	M	R	I	S	P	A	A	E	C	A	P	S	E
10	M	E	P	I	N	E	D	E	U	T	P	L	A	P	I	L	O	T
11	R	S	S	R	U	E	T	A	R	E	A	B	N	E	L	B	A	C
12	U	I	D	E	G	I	V	R	E	R	I	N	D	O	M	P	T	E
13	E	O	D	A	C	I	E	S	S	E	R	E	N	I	V	E	D	T
14	S	T	V	N	C	Z	U	F	R	O	U	S	S	E	S	E	N	K
15	I	E	R	I	O	R	E	N	N	O	T	U	O	M	H	O	A	I
16	R	A	E	A	E	L	E	M	P	O	R	T	E	T	R	R	O	T
17	B	U	R	C	C	A	B	R	A	S	I	F	Y	F	M	U	O	G
18	X	N	O	B	U	B	Y	K	L	U	S	M	R	A	Q	U	E	R

MOT DE 5 LETTRES

Homme de loi

A	C	F	L	N	R	T
agrippée	caget	favus	ladin	noise	rasas	tablard
alliés	cagot	G	larmier	O	ratte	tempe
amandes	connivence	genres	laser	odorer	ravie	tenrec
ample	copal	giberne	lever	P	rêver	tomme
ancrage	D	H	long	peigné	S	tranche
athlète	dorer	houari	M	perlot	scull	V
B	E	I	macéré	pivot	selve	vitrail
bagot	embase	irions	madras	poli	souhaiter	vote
bazou	épatant	islamisation	magie	polochon	stationné	
boîte	épée	K	mélèze		statique	
bossu	étésien	kacha	mystère		sucrier	
					survol	

	1	2	3	4	5	6	7	8	9	10	11	12	13	14	15	16	17	18
1	E	S	E	D	N	A	M	A	L	A	R	M	I	E	R	E	O	T
2	V	S	U	C	R	I	E	R	F	A	V	U	S	C	I	L	D	E
3	L	C	Q	N	I	A	E	H	C	N	A	R	T	G	A	O	O	M
4	E	O	I	O	R	A	L	L	I	E	S	U	A	D	R	G	R	P
5	S	N	T	I	A	I	L	B	T	R	S	M	I	E	P	E	E	E
6	A	N	A	T	U	R	E	O	A	S	A	N	R	E	V	E	R	T
7	H	I	T	A	O	I	V	O	O	T	P	E	P	A	T	A	N	T
8	C	V	S	S	H	O	E	B	H	T	E	O	E	M	M	O	T	S
9	A	E	L	I	L	N	R	L	O	E	A	S	L	P	I	V	O	T
10	K	N	I	M	A	S	E	G	N	M	M	G	A	O	O	B	E	A
11	N	C	A	A	S	T	A	R	C	A	A	E	R	B	C	L	T	T
12	O	E	R	L	E	B	E	O	C	D	C	N	U	I	M	H	I	I
13	I	R	T	S	R	B	P	A	R	R	E	R	P	O	P	E	O	O
14	S	N	I	I	I	A	G	A	I	A	R	E	N	E	Z	P	B	N
15	E	E	V	G	L	O	V	R	U	S	E	S	R	E	I	A	E	N
16	N	T	R	E	T	I	A	H	U	O	S	L	L	O	N	G	B	E
17	A	M	P	L	E	S	C	U	L	L	O	E	G	A	R	C	N	A
18	E	T	T	A	R	A	S	A	S	T	M	M	M	Y	S	T	E	R	E

114

MOT DE 4 LETTRES

Déluge

A
albugos
alliage
aurore
aventurer

C
chiant
civière
coppa
corde
cornée

D
déchirer
défier
dermique
doublé

E
écailleux
égayer
empresser
envers
esthésie

F
fonderies

G
gabion
général
glapit

H
hayon

I
impair

K
kayak

L
latitude

M
métreur

N
navette
nullité
nymphéa

O
omnivore
opiner

P
pairie
pourvu

R
rafting
rayon
réséda
retroussé
réunion

revente
robin
robot
rocou
rotin
rôtir

S
séminaire
souchette

T
tallage
ticket

U
unit

V
vengeur
venteux
versatilité

	1	2	3	4	5	6	7	8	9	10	11	12	13	14	15	16	17	18
1	E	T	T	E	V	A	N	R	O	T	I	N	C	E	A	V	R	E
2	T	O	B	O	R	D	E	F	I	E	R	I	R	N	P	E	I	M
3	E	R	E	V	E	N	T	E	U	X	V	O	G	I	P	R	T	P
4	S	E	I	R	E	D	N	O	F	I	V	A	T	B	O	S	O	R
5	T	R	U	V	R	U	O	P	E	I	B	I	E	O	C	A	R	E
6	H	E	E	N	R	O	C	R	N	I	P	L	U	R	S	T	E	S
7	E	R	T	R	A	R	E	M	O	A	U	A	Q	I	O	I	T	S
8	S	E	U	N	I	L	O	N	L	P	D	R	I	M	U	L	R	E
9	I	R	K	O	A	H	L	G	R	E	I	E	M	P	C	I	O	R
10	E	U	E	A	C	I	C	I	S	U	E	N	R	A	H	T	U	X
11	G	T	N	V	Y	O	H	E	A	E	E	E	E	I	E	E	S	U
12	A	N	N	I	N	A	R	C	D	G	M	G	D	R	T	R	S	E
13	Y	E	I	U	T	E	K	C	I	T	E	I	N	I	T	A	E	L
14	E	V	L	T	L	T	A	L	L	A	G	E	N	E	E	Y	C	L
15	R	A	E	B	F	L	S	O	G	U	B	L	A	A	V	O	O	I
16	E	R	O	R	U	A	I	A	E	H	P	M	Y	N	I	N	R	A
17	N	O	Y	A	H	O	R	T	N	O	I	N	U	E	R	R	D	C
18	L	A	T	I	T	U	D	E	E	R	U	E	R	T	E	M	E	E

MOT DE 6 LETTRES

Micromètre

A
agencée
alpins
amer
amibe
arbouse
ariser
B
bagne
bayer
blâme
boldo

borax
brun
C
carénage
caret
chaton
cirage
consister
conteneur
corso
coter
cramé

D
défendu
douve
doxa
doyen
E
ébavurer
écho
effort
églogue
égorger
enduite

F
faucre
fluer
forure
frappant
G
gâtine
gavé
glisse
I
insistant

K
kamik
L
lapis
M
malin
mantra
marte
martyr
O
optimiste
oser
ouzo

P
péager
pongé
R
rapide
rebord
renchérir
S
sassafras
saturer
seulet
solde
sylvain

T
taleth
thaler
tilde
tinté
trace
V
vaincre
varve

	1	2	3	4	5	6	7	8	9	10	11	12	13	14	15	16	17	18
1	R	E	B	O	R	D	N	E	E	S	T	C	E	S	S	I	L	G
2	F	E	D	E	E	O	O	F	S	A	R	O	E	R	U	R	O	F
3	A	P	T	L	S	X	T	F	U	R	A	N	C	R	A	M	E	T
4	U	O	O	S	O	A	A	O	O	F	C	T	N	U	R	B	A	K
5	C	T	R	N	I	S	H	R	B	A	E	E	E	N	I	L	I	R
6	R	H	M	E	G	S	C	T	R	S	N	N	G	M	E	M	M	A
7	E	A	A	C	G	E	N	I	A	S	G	E	A	T	A	Y	A	P
8	Y	L	N	H	B	A	R	O	Y	A	A	U	H	K	I	L	O	I
9	A	E	T	O	P	E	E	L	C	S	B	R	L	A	P	I	S	D
10	B	R	R	P	H	S	V	P	E	T	S	I	M	I	T	P	O	E
11	A	A	A	C	C	A	S	E	D	E	F	E	N	D	U	I	T	E
12	X	R	N	M	I	T	E	E	M	I	N	S	I	S	T	A	N	T
13	F	E	I	N	E	U	U	T	C	A	N	I	L	A	M	I	T	T
14	R	G	C	S	G	R	L	R	I	O	L	T	V	F	T	D	I	E
15	R	R	A	O	E	E	E	A	R	U	D	B	I	A	L	O	L	R
16	E	O	L	V	O	R	T	M	A	Z	N	L	G	N	R	U	D	A
17	E	G	A	N	E	R	A	C	G	O	S	R	O	C	T	V	E	C
18	E	E	M	A	R	T	Y	R	E	R	U	V	A	B	E	E	E	R

MOT DE 8 LETTRES

Type

A	C	D	F	M	R	T
abouts	camembert	daine	faxer	mégoter	réconfort	tartre
adepte	capté	décaler	flush	meules	réfrigéré	trente
affamée	caron	dénuder	G	minijupe	reposé	triage
aliénée	chopper	désir	glissoire	mouche	reversoir	
aliénistes	coing	E	I	muid	ricaneuse	
attardé	concentré	émeu	insensés	P	S	
B	conçu	émoussé		polluer	soignant	
bague	cornue	espada		portée	soumettre	
baragouin	crêper	experte		putois	stoupa	
bibite	creux			pyjama	sundae	
börek					surcoût	
					sureau	

	1	2	3	4	5	6	7	8	9	10	11	12	13	14	15	16	17	18
1	T	C	A	M	E	M	B	E	R	T	R	A	T	R	I	A	G	E
2	C	N	R	I	C	A	N	E	U	S	E	L	U	E	M	M	E	P
3	M	A	A	N	I	U	O	G	A	R	A	B	E	E	R	A	E	E
4	S	E	R	N	E	R	T	T	E	M	U	O	S	N	E	J	M	P
5	E	U	G	O	G	R	P	R	E	E	U	E	P	E	C	Y	A	U
6	C	T	N	O	N	I	E	U	E	U	N	I	A	I	O	P	F	J
7	O	E	R	D	T	L	O	F	T	C	N	I	D	L	N	O	F	I
8	N	T	I	E	A	E	R	S	R	O	O	R	A	A	F	L	A	N
9	C	P	S	C	P	E	R	E	O	I	I	N	O	D	O	L	P	I
10	E	E	E	R	P	X	S	S	P	O	G	S	C	C	R	U	U	M
11	N	D	D	O	U	S	E	R	S	P	S	E	U	U	T	E	O	E
12	T	A	S	E	U	A	E	R	U	S	O	E	R	R	O	R	T	A
13	R	E	R	O	C	D	E	F	L	U	S	H	S	E	C	I	S	B
14	E	C	M	A	U	V	E	U	G	A	B	F	C	N	B	O	O	O
15	N	E	P	N	E	N	E	H	C	U	O	M	A	I	E	R	U	U
16	T	T	E	R	A	T	T	A	R	D	E	N	B	X	E	S	E	T
17	E	D	E	S	E	T	S	I	N	E	I	L	A	K	E	M	N	S
18	C	O	I	N	G	L	I	S	S	O	I	R	E	P	E	R	C	I

MOT DE 7 LETTRES

Insane

A	C	demande	F	L	O	S
accu	charge	destitué	féminin	labo	olécrane	sancerre
amender	chose	dévolu	fièvres	lacis	oubliettes	sinon
aphte	chronique	donnée	fluxion	lardé	P	T
appesantie	circonvenu	douze	G	lent	pacager	trahi
arts	citoyenneté	E	grelin	ligneul	porto	V
atrium	clément	éclatante	I	M	praxis	voulu
B	cogne	écoulement	indicateur	manœuvre	privé	
bessemer	D	embêter	inhibé	N	R	
biper	daube	enfant		notariat	rechanter	
bique	déité	envolée			résigné	
boghei	délié					

	1	2	3	4	5	6	7	8	9	10	11	12	13	14	15	16	17	18
1	P	O	R	T	O	E	M	B	E	T	E	R	R	P	R	I	V	E
2	A	I	E	H	G	O	B	O	U	B	L	I	E	T	T	E	S	E
3	E	B	U	A	D	S	I	N	O	N	B	N	M	U	I	R	T	A
4	E	Z	U	O	D	E	N	G	O	C	P	D	E	C	A	H	E	S
5	E	D	R	E	C	H	A	N	T	E	R	I	S	C	P	E	U	A
6	N	E	O	L	E	C	R	A	N	E	A	C	S	A	P	U	T	N
7	N	V	L	E	N	T	H	E	R	S	X	A	E	R	E	Q	I	C
8	O	O	N	O	E	C	N	R	P	T	I	T	B	E	S	I	T	E
9	D	L	I	I	V	C	I	E	O	I	S	E	I	G	A	B	S	R
10	R	U	L	X	H	N	E	T	M	N	B	U	H	A	N	M	E	R
11	E	E	E	A	U	D	E	N	O	E	I	R	N	C	T	A	D	E
12	D	N	R	U	R	L	A	B	O	Y	L	Q	I	A	I	N	S	C
13	N	G	G	A	E	N	F	A	N	T	E	U	U	P	E	O	L	V
14	E	I	L	T	R	I	H	A	R	T	A	N	O	E	H	E	S	O
15	M	L	I	F	E	M	I	N	I	N	D	R	N	C	M	U	I	U
16	A	E	U	N	E	V	N	O	C	R	I	C	I	E	E	V	C	L
17	D	F	I	E	V	R	E	S	I	G	N	E	N	A	T	R	A	U
18	E	D	N	A	M	E	D	E	C	L	A	T	A	N	T	E	L	E

JEU 118

MOT DE 4 LETTRES

Monnaie

A
abonnées
agresseur
aimantes
ajoutoir
ascite
auteur
B
baptême
beurk
biais
boudin

C
chérif
chromer
côlon
D
dalle
dénié
dénué
déparer
digne
drève
duumvirat

E
égarée
élevée
F
figurer
fonts
formel
fort
funin
furieuse
fuselé
fusil

G
gallot
gardian
gifler
grandesse
I
insula
L
lacté
lagon

M
maudites
mieux
molle
P
papesse
perron
peur
pinne
Q
quille

R
relaxé
réticence
rossée
S
sabéen
sécession
snobisme

T
tael
tercet
tombeur
torve
trait
tramp
tunnel
V
voilée

	1	2	3	4	5	6	7	8	9	10	11	12	13	14	15	16	17	18
1	T	R	T	F	D	C	G	R	A	N	D	E	S	S	E	P	A	P
2	E	U	I	E	U	G	O	N	O	D	U	U	M	V	I	R	A	T
3	R	E	N	O	I	S	A	L	B	S	A	I	M	A	N	T	E	S
4	C	I	C	F	T	I	I	I	A	O	F	S	D	A	L	L	E	S	E
5	E	H	L	N	D	U	P	L	O	N	E	E	F	O	R	T	A	M
6	T	E	E	R	E	T	O	R	V	E	T	U	E	A	N	S	G	S
7	R	U	A	R	E	C	M	J	L	E	I	N	G	O	C	I	R	I
8	E	G	N	M	I	E	I	I	A	B	D	E	F	H	R	A	E	B
9	T	F	E	N	L	F	O	T	N	A	U	D	R	U	E	I	S	O
10	C	U	E	L	E	V	E	E	E	S	A	O	E	L	N	B	S	N
11	A	S	G	A	L	L	O	T	A	R	M	T	L	E	O	T	E	S
12	L	E	F	U	N	I	N	B	U	E	U	O	N	S	I	O	U	R
13	A	L	U	S	N	I	O	E	R	A	M	Q	I	U	S	M	R	E
14	T	E	E	O	M	N	P	M	A	R	T	U	D	E	S	B	D	R
15	A	R	G	N	N	I	P	I	N	N	E	I	U	I	E	E	R	A
16	E	A	A	E	G	P	E	R	R	O	N	L	O	R	C	U	E	P
17	L	E	E	I	F	I	G	U	R	E	R	L	B	U	E	R	V	E
18	A	S	C	I	T	E	D	E	X	A	L	E	R	F	S	K	E	D

MOT DE 4 LETTRES

Maison traditionnelle, en Polynésie

A	C	doigté	F	K	P	S
aéronefs	canope	durion	fibre	kappa	pané	sauvé
affleuré	casino	E	funin	L	papilloter	soupçonné
ails	coca	écurer	G	largeur	persan	T
amère	cohue	égards	gobeur	lilas	plumetis	tannant
amoureuse	collet	embué	gombo	M	poète	trio
appâter	condo	émir	guide	marrer	poupin	V
areu	coulpe	emmené	H	mulet	présumé	vénération
B	cubisme	émotif	hampe	N	R	version
basses	D	ennuyé	J	nain	rechuter	Z
bénin	débarcadère	entourer	jeton	nodosité		zoolâtrie
billet	déréel			nombreuse		
bramer						

	1	2	3	4	5	6	7	8	9	10	11	12	13	14	15	16	17	18
1	E	S	U	E	R	U	O	M	A	S	F	E	N	O	R	E	A	E
2	L	D	O	I	G	T	E	N	E	I	R	T	A	L	O	O	Z	R
3	A	A	F	E	E	U	O	N	B	R	E	C	H	U	T	E	R	E
4	L	I	R	L	C	D	I	R	T	C	E	M	U	S	E	R	P	M
5	A	I	L	G	O	U	E	D	P	O	E	N	E	M	M	E	O	A
6	R	O	L	S	E	B	R	L	E	N	U	M	R	M	M	D	U	R
7	C	U	I	A	A	U	U	E	S	D	A	R	I	A	U	A	P	B
8	V	T	E	S	S	M	R	O	R	O	N	I	E	R	L	C	I	T
9	E	P	S	B	E	S	U	E	R	B	M	O	N	R	E	R	N	F
10	R	E	A	T	O	P	N	G	T	A	C	E	I	E	T	A	N	U
11	S	R	I	N	C	G	O	O	E	E	P	U	N	R	N	B	I	N
12	I	S	E	O	E	M	D	N	T	M	L	P	B	N	U	E	N	I
13	O	A	N	V	B	E	E	E	A	E	O	L	A	I	U	D	E	N
14	N	N	U	O	C	U	G	H	R	C	J	T	I	T	S	Y	B	K
15	E	A	I	O	O	B	A	E	T	E	O	P	I	B	E	M	E	A
16	S	R	H	S	C	M	R	E	R	U	E	L	F	F	A	R	E	P
17	T	U	E	R	A	E	D	R	E	T	O	L	L	I	P	A	P	P
18	E	P	L	U	O	C	S	V	E	N	E	R	A	T	I	O	N	A

MOT DE 5 LETTRES

Anis

A
accro
accu
acharner
acquitter
agape
agenda
ambigu
arrimé
B
blesser
bouille

C
chants
clémence
conforté
cousu
crachouiller
D
dédié
dépêche
déport
duel

E
épucer
équin
étalement
étourneau
F
falourde
faluche
flétri

G
genou
gésier
grâces
grève
H
honnête
houer
I
impala
infime
injure
ippon

J
jaspure
L
lacet
louage
M
médusé
mitonner
moire
muselé
N
nylon

O
orque
ovuler
P
pelotage
péroreur
platelage
prône
R
racial
rangée

S
satin
songeuse
store
T
tripe
trousser
V
verdir

	1	2	3	4	5	6	7	8	9	10	11	12	13	14	15	16	17	18
1	E	S	U	E	R	U	J	N	I	A	C	Q	U	I	T	T	E	R
2	T	E	O	P	E	R	E	L	L	I	U	O	H	C	A	R	C	G
3	R	C	N	U	S	C	H	O	U	E	R	M	U	S	E	L	E	E
4	O	A	E	C	S	L	C	F	P	E	R	O	R	E	U	R	G	S
5	F	R	G	E	E	E	E	G	A	L	E	T	A	L	P	A	E	I
6	N	G	Q	R	L	M	P	R	E	L	U	E	T	R	T	O	R	E
7	O	I	O	U	B	E	E	U	E	S	O	R	M	O	R	T	I	R
8	C	T	T	U	E	N	D	T	U	S	I	U	L	I	E	I	O	G
9	S	T	N	A	H	C	E	O	A	P	S	E	R	L	F	Z	M	R
10	M	E	D	U	S	E	C	T	E	L	P	U	F	D	A	N	A	E
11	R	E	N	N	O	T	I	M	O	H	E	A	O	E	E	C	I	V
12	E	J	E	N	O	R	P	R	B	U	C	M	S	R	I	D	E	E
13	E	A	N	I	O	D	C	O	A	H	R	U	E	A	T	L	I	T
14	G	S	Y	M	E	C	U	G	A	E	E	N	L	N	S	O	N	E
15	N	P	L	P	A	I	E	R	L	G	I	P	E	A	T	U	O	N
16	A	U	O	A	L	N	N	U	N	U	C	C	A	A	F	A	P	N
17	R	R	N	L	D	E	V	O	Q	A	M	B	I	G	U	G	P	O
18	T	E	E	A	R	O	S	E	R	I	D	R	E	V	A	E	I	H

MOT DE 6 LETTRES

JEU 121

Désagréable

A	C	E	I	N	porté	T
adon	caduc	épite	indolent	natif	primo	tabac
agrandis	chaux	épître	J	nuer	R	tentés
alisma	cigare	épurés	jacot	O	recercler	trempage
alvins	civique	errata	jaguar	occuper	recueillir	V
amènes	colza	F	K	oculiste	rédimer	valine
avarier	constellé	falot	kilt	oriflamme	reliure	vallée
B	D	frelon	L	P	riflard	Y
braser	décampé	H	louche	penchant	rimmel	yourte
	dévêtu	horloge	M	pétré	rouage	Z
		hutu	mélopée	pétri	S	zénana
			mutilé	pivotant	spath	
			mutin			

	1	2	3	4	5	6	7	8	9	10	11	12	13	14	15	16	17	18
1	R	C	H	A	U	X	O	E	R	E	C	U	E	I	L	L	I	R
2	E	M	U	D	F	Z	P	R	A	E	R	R	A	T	A	B	A	C
3	I	U	T	O	E	M	R	E	I	Z	P	I	V	O	T	A	N	T
4	R	T	U	N	A	E	C	F	E	F	L	E	E	P	O	L	E	M
5	A	I	A	C	S	U	A	R	D	C	L	O	D	P	R	L	I	I
6	V	N	E	A	D	L	U	R	I	P	J	A	C	E	I	I	R	K
7	A	D	R	A	O	I	A	V	E	S	A	O	M	T	V	T	M	T
8	A	B	C	T	L	L	I	N	I	L	C	V	U	M	E	E	R	O
9	M	N	I	E	F	Q	C	D	I	C	O	M	A	P	E	D	T	E
10	E	O	R	I	U	H	N	S	U	E	T	S	I	L	U	C	O	U
11	N	L	R	E	A	A	M	P	R	E	C	E	R	C	L	E	R	T
12	E	E	E	N	R	A	E	L	L	E	T	S	N	O	C	E	R	R
13	S	R	T	G	E	R	P	Y	V	J	A	G	U	A	R	G	E	E
14	E	F	A	R	A	O	O	A	F	I	T	A	N	L	I	O	M	M
15	R	P	T	G	R	U	L	L	O	U	C	H	E	V	M	L	I	P
16	U	E	I	T	R	I	O	T	E	N	T	E	S	I	M	R	D	A
17	P	C	E	T	N	U	E	R	H	T	A	P	S	N	E	O	E	G
18	E	E	E	E	E	T	N	E	L	O	D	N	I	S	L	H	R	E

MOT DE 4 LETTRES

Arrivé à maturité

A	brouet	F	L	O	R	T
abattu	brûlis	flood	larigot	obérer	racornir	tarifaire
adouba	C	folle	longévité	obole	radon	tian
africain	catogan	funin	M	omettre	rageant	turbo
ailloli	chaux	H	machisme	P	ranger	turne
altercations	consolide	horo	manioc	panure	relaps	U
ambiance	contrarié	houe	marin	pensum	rimer	urée
aval	E	I	médicinal	permanent	rosser	uvule
B	empocher	imposable	munir	ploc	S	V
bain		K	N	propension	sofa	verrue
berme		kakémono	nase	province		
bouler				publier		
braiser				purin		

	1	2	3	4	5	6	7	8	9	10	11	12	13	14	15	16	17	18
1	L	A	N	I	C	I	D	E	M	C	O	N	S	O	L	I	D	E
2	O	V	O	M	E	R	E	M	I	R	K	A	K	E	M	O	N	O
3	N	A	I	A	A	N	A	L	T	E	R	C	A	T	I	O	N	S
4	G	L	S	C	M	M	R	N	S	I	L	U	R	B	U	A	I	O
5	E	M	N	H	B	A	E	U	R	R	E	V	M	X	I	R	A	F
6	V	U	E	I	I	N	N	N	T	E	B	U	U	T	T	A	B	A
7	I	N	P	S	A	N	I	I	U	R	S	A	F	U	N	I	N	O
8	T	I	O	M	N	A	O	R	O	N	H	S	R	E	L	U	O	B
9	E	R	R	E	C	G	M	U	E	C	P	R	O	V	I	N	C	E
10	E	E	P	I	E	O	E	P	M	A	R	I	N	R	O	C	A	R
11	P	I	R	L	D	T	T	L	L	T	A	R	I	F	A	I	R	E
12	T	F	R	O	O	A	T	E	B	B	E	R	U	N	A	P	E	A
13	A	N	O	A	R	C	R	O	R	A	E	M	R	R	A	O	H	I
14	E	L	A	A	R	F	E	A	G	I	S	A	R	D	E	B	C	L
15	F	L	D	E	O	T	I	L	L	I	N	O	O	E	E	E	O	L
16	R	O	U	L	G	S	N	B	O	G	R	U	P	S	B	R	P	O
17	N	O	L	V	E	A	U	O	E	B	B	A	A	M	O	E	M	L
18	H	E	I	R	U	P	R	R	C	A	O	N	L	H	I	R	E	I

MOT DE 11 LETTRES

Handicap

A	C	E	G	M	R	T
admissions	caïd	éclopé	gambe	mèche	rade	tandis
aérée	capucin	écluser	grison	ménade	remordre	tiré
apparu	chalet	effacé	guide	milan	rénal	U
apprécier	chien	envahi	I	monument	repu	usée
astro	costal	équanime	iléal	N	retaper	V
astuce	crédit	évêque	L	niébé	rocou	visiter
B	créer	évidé	loutre	O	S	vulgarité
barda	D	F	lutter	octroyés	scruter	
broyage	dérégulation	farde		P	seppuku	
	dissocier	fîtes		pâtée	solde	
		fouet		pelade		
				porcherie		

	1	2	3	4	5	6	7	8	9	10	11	12	13	14	15	16	17	18
1	L	S	T	N	E	M	A	E	R	I	C	B	E	C	U	T	S	A
2	O	O	E	I	G	O	P	E	I	R	R	C	A	C	A	N	E	N
3	U	L	U	E	A	N	P	V	E	R	L	E	A	R	O	I	R	O
4	T	D	O	B	Y	U	A	E	U	U	E	P	T	I	D	N	D	I
5	R	E	F	E	O	M	R	G	S	L	U	H	S	T	N	A	R	T
6	E	E	E	F	R	E	U	E	A	C	G	S	C	E	U	L	O	A
7	D	S	T	Q	B	N	R	O	I	M	I	A	I	R	A	L	M	L
8	I	E	T	U	U	T	O	N	C	M	B	H	R	E	O	U	E	U
9	U	Y	A	S	R	A	E	S	D	O	C	E	L	I	K	P	R	G
10	G	O	N	E	A	C	N	A	I	A	R	I	R	U	T	I	R	E
11	I	R	D	E	D	E	S	I	P	R	R	E	P	A	T	E	R	R
12	O	T	I	D	E	R	C	P	M	S	G	P	E	F	F	A	C	E
13	R	C	S	T	F	C	R	I	E	E	E	M	E	C	H	E	O	D
14	T	O	A	A	A	E	H	T	P	S	V	R	E	D	A	N	E	M
15	S	P	R	E	C	A	I	A	O	D	I	S	S	O	C	I	E	R
16	A	D	R	I	V	F	P	E	L	A	D	E	R	E	N	A	L	I
17	E	E	E	N	A	L	I	M	C	E	E	T	L	A	T	S	O	C
18	E	R	E	V	I	S	I	T	E	R	T	E	V	E	Q	U	E	E

MOT DE 8 LETTRES

Classique

A	C	étoffe	J	N	R	T
adroits	cassin	evzone	juguler	noircir	regeler	tabac
aggravé	cenelle	**F**	**L**	**O**	ruiner	tassés
ailiers	crémier	faro	laïus	ombrée	**S**	tinette
aimer	**D**	fleuré	levage	open	sailli	tison
ajusté	déconcertant	fleuré	lydien	**P**	sentinelle	trois
assagi	défet	**G**	**M**	paon	strass	tueur
B	dextérité	gousse	malart	paravent	suspendre	**V**
baffe	drame	guide	minas	phlox		virus
bizarres	**E**	**H**	molli	porter		visite
	emmuré	halle		préférés		volage
	ergotine	herbeux				
	éthiopien					

	1	2	3	4	5	6	7	8	9	10	11	12	13	14	15	16	17	18
1	P	A	R	A	V	E	N	T	T	R	T	U	E	U	R	E	D	R
2	S	R	E	I	L	I	A	M	E	I	E	V	Z	O	N	E	E	R
3	A	A	S	S	A	G	I	T	E	N	N	D	O	I	P	L	C	E
4	D	T	U	E	H	N	R	T	O	S	R	E	T	L	E	E	O	M
5	R	I	I	S	A	O	I	I	E	A	E	O	T	G	A	R	N	I
6	O	S	A	S	P	R	R	R	M	S	G	A	E	T	A	G	C	A
7	I	O	L	A	E	C	R	E	S	R	P	R	E	F	E	R	E	S
8	T	N	B	T	I	A	I	U	E	S	U	S	P	E	N	D	R	E
9	S	E	X	R	Z	B	O	C	R	E	M	I	E	R	S	T	T	N
10	X	E	F	I	E	G	A	V	E	L	N	U	V	M	S	E	A	T
11	D	O	B	E	E	T	O	F	F	E	E	E	A	A	A	R	N	I
12	E	N	L	Y	D	I	E	N	F	C	I	T	R	L	R	U	T	N
13	R	I	E	H	M	O	L	L	I	E	P	S	G	A	T	E	O	E
14	E	S	L	V	P	S	G	C	L	N	O	U	G	R	S	L	M	L
15	N	S	L	I	A	I	U	A	L	E	I	J	A	T	L	F	B	L
16	I	A	A	R	O	O	I	B	I	L	H	A	E	M	M	U	R	E
17	U	C	H	U	N	R	D	A	A	L	T	J	U	G	U	L	E	R
18	R	V	I	S	I	T	E	T	S	E	E	X	U	E	B	R	E	H

MOT DE 8 LETTRES

Crochet

	1	2	3	4	5	6	7	8	9	10	11	12	13	14	15	16	17	18
1	E	U	M	L	E	V	A	R	D	B	A	I	G	N	O	I	R	E
2	S	E	U	A	T	N	A	T	R	O	P	E	L	L	I	F	C	E
3	T	H	L	I	S	F	H	A	C	H	U	R	E	R	A	H	S	S
4	O	C	S	R	R	I	C	R	I	A	L	C	E	G	E	S	E	A
5	C	A	I	A	M	L	N	S	E	L	G	E	R	N	O	C	S	B
6	P	K	O	L	I	T	E	I	E	T	P	A	A	C	H	E	I	B
7	C	O	N	A	L	R	R	N	T	X	F	L	E	A	P	S	U	E
8	O	O	M	S	L	E	A	S	F	E	U	A	G	X	E	P	P	S
9	R	T	R	P	E	F	I	O	G	U	E	E	C	C	P	E	E	S
10	T	E	R	G	E	S	N	M	E	M	I	E	N	A	N	R	K	E
11	E	R	I	T	E	N	E	M	N	U	U	A	U	N	M	E	E	S
12	X	E	T	A	L	A	T	E	E	R	I	F	O	O	T	U	E	S
13	M	O	L	L	E	R	T	S	R	B	P	N	L	C	R	X	S	S
14	F	R	F	G	A	T	E	L	M	A	G	I	H	E	C	N	C	O
15	S	I	L	O	N	M	O	A	B	I	T	U	O	I	R	I	E	T
16	E	D	N	A	B	U	O	U	M	N	P	O	T	C	G	I	R	A
17	R	A	V	I	V	E	T	U	P	M	A	E	C	E	H	O	E	M
18	T	N	A	E	G	E	T	O	R	P	U	D	R	A	T	E	R	T

MOT DE 5 LETTRES

Roseau aromatique

A	C	F	I	N	R	T
alinéa	cervidé	facilitant	impatiens	nième	réciter	tarin
amphore	coassocié	frais	J	noix	remontrer	teille
arlequinade	E	G	jacobin	nudité	rhénan	terbium
aulne	éducateur	gainier	jambage	O	ribose	V
B	élégie	gazole	L	olivaie	S	vergue
bakchich	émoi	gourou	litée	ordre	salésien	vrai
bégum	enjoué	H	lucilie	P	sarde	Z
bineur	époux	harassé	M	pénates	semonce	zorille
bougre	étamer	hurlement	merci	pénitence	stéréo	
bréviaire				poivron	succion	
butor					suites	

	1	2	3	4	5	6	7	8	9	10	11	12	13	14	15	16	17	18
1	E	E	L	L	I	E	T	E	D	A	N	I	U	Q	E	L	R	A
2	B	I	N	E	U	R	I	L	I	T	E	E	E	L	E	G	I	E
3	B	C	A	A	P	C	E	M	E	I	N	U	G	L	C	J	B	R
4	P	O	I	V	R	O	N	M	R	C	O	E	O	U	N	A	A	I
5	T	A	U	E	I	I	U	H	O	J	C	Z	U	C	O	M	K	A
6	E	S	M	G	O	L	E	X	N	N	A	N	R	I	M	B	C	I
7	R	S	P	M	R	N	O	E	E	G	T	U	O	L	E	A	H	V
8	B	O	E	O	A	E	A	T	A	S	E	R	U	I	S	G	I	E
9	I	C	N	N	R	L	I	I	N	T	O	R	E	E	C	E	C	R
10	U	I	A	E	I	N	N	E	A	T	E	R	D	R	O	C	H	B
11	M	E	T	N	E	I	I	C	U	T	N	E	M	E	L	R	U	H
12	J	S	E	P	E	T	U	B	M	U	G	E	B	C	E	E	R	S
13	R	A	S	R	A	D	E	L	L	I	R	O	Z	E	R	S	E	R
14	N	E	C	P	E	S	A	L	E	S	I	E	N	R	O	S	C	I
15	O	I	M	O	V	E	R	G	U	E	A	L	E	V	H	A	I	B
16	I	I	R	A	B	S	I	A	R	F	U	R	R	I	P	R	T	O
17	X	T	N	A	T	I	L	I	C	A	F	A	D	D	M	A	E	S
18	N	U	D	I	T	E	N	S	E	T	I	U	S	E	A	H	R	E

MOT DE 6 LETTRES

Acide

A	C	E	H	M	R	T
abées	carafe	écacher	halbi	microcéphale	ravioli	talqué
abêtir	charné	**F**	harnacher	mots	réclame	terril
acmés	clerc	faxer	hideur	mûron	religieux	**U**
agréments	côtier	fioriture	hosta	**O**	rétinite	uval
algies	**D**	**G**	**I**	octobre	revers	**V**
ameuté	déifier	gallérie	inde	**P**	**S**	venimeuse
B	dépossédé	geisha	**J**	palatinat	savoir	vibrion
bateau	dirigeable	guyot	jaillissement	plumard	séduise	voici
	dressage		jaque	pressier	sève	
				prospérité	soules	
					splendides	

	1	2	3	4	5	6	7	8	9	10	11	12	13	14	15	16	17	18
1	E	T	M	E	R	A	B	E	T	I	R	E	P	S	O	R	P	O
2	D	N	I	T	E	M	A	L	C	E	R	C	A	R	A	F	E	C
3	E	E	C	I	I	E	S	U	R	P	L	U	M	A	R	D	R	T
4	S	M	R	N	F	N	G	E	A	E	A	B	E	E	S	E	E	O
5	S	E	O	I	I	P	D	A	D	E	H	V	U	R	L	S	R	B
6	O	S	C	T	E	I	R	E	S	I	T	C	I	C	I	E	U	R
7	P	S	E	E	D	S	I	E	S	S	D	A	A	B	R	D	T	E
8	E	I	P	R	R	R	U	T	S	A	E	N	B	C	R	U	I	H
9	D	L	H	T	E	E	N	E	C	S	H	R	E	E	E	I	R	C
10	S	L	A	L	A	E	X	M	M	A	I	R	D	L	T	S	O	A
11	E	I	L	Q	M	N	E	A	L	I	E	E	N	B	P	E	I	N
12	I	A	E	E	G	S	I	B	F	L	N	O	R	A	H	S	F	R
13	G	J	R	U	R	C	I	T	I	S	R	E	A	E	I	S	E	A
14	L	G	Y	E	J	E	H	G	A	U	A	U	V	G	D	O	U	H
15	A	O	V	A	E	O	I	A	M	L	V	V	I	I	E	U	Q	S
16	T	E	Q	V	S	E	E	T	R	O	A	A	O	R	U	L	L	I
17	R	U	E	T	U	E	M	A	O	N	T	P	L	I	R	E	A	E
18	E	S	A	X	V	O	I	C	I	C	E	S	I	D	R	S	T	G

MOT DE 6 LETTRES

Sel extrait d'un marais salant

A	C	D	F	L	R	sujet
accoutumer	camus	diagramme	faxé	lambic	rafle	survolter
airedales	capon	disco	ferme	lérot	ranch	T
asiles	carré	disséquer	ferrure	lieur	rebuté	trompette
avette	cavée	E	fumerolle	O	réglet	Y
aviver	clin	efficaces	G	ouste	retendre	yèble
B	cocagne	entrée	girelle	ouverte	S	Z
bistro	culotte	épuration	goutte	P	saugue	zinnia
bradeur	cultural	esquivé	I	pelte	séborrhée	
brimbelle			improductif	perturbante	solive	
			incuse	prône	soucieuse	
					soutif	

	1	2	3	4	5	6	7	8	9	10	11	12	13	14	15	16	17	18
1	E	E	E	E	M	R	E	F	S	E	B	O	R	R	H	E	E	G
2	A	T	D	L	X	S	F	I	T	C	U	D	O	R	P	M	I	I
3	V	T	N	I	F	A	A	T	A	C	C	O	U	T	U	M	E	R
4	E	U	R	A	A	A	F	U	M	E	R	O	L	L	E	S	C	E
5	T	O	H	E	B	G	R	O	G	B	I	S	T	R	O	U	A	L
6	T	G	C	A	U	R	R	S	R	U	E	D	A	R	B	R	R	L
7	E	E	N	I	A	Q	U	A	O	R	E	B	U	T	E	V	R	E
8	P	F	A	R	S	S	E	T	M	U	S	U	M	A	C	O	E	B
9	M	F	R	E	I	U	E	S	R	M	C	Z	E	L	M	L	O	M
10	O	I	E	D	L	J	S	E	S	E	E	I	I	N	A	T	U	I
11	R	C	R	A	E	E	Q	C	P	I	P	N	E	M	T	E	S	R
12	T	A	U	L	S	T	U	C	O	U	D	N	B	U	C	R	T	B
13	P	C	E	E	U	L	I	U	U	T	R	I	D	O	S	Y	E	A
14	E	E	I	S	T	N	V	C	O	L	C	A	C	I	E	E	V	E
15	L	S	L	U	C	E	E	R	A	A	O	A	T	B	S	I	I	N
16	T	E	R	U	R	R	E	F	V	P	G	T	L	I	V	C	L	O
17	E	A	S	T	E	L	G	E	R	N	O	E	T	E	O	L	O	R
18	L	E	E	R	D	N	E	T	E	R	O	N	R	E	N	N	S	P

MOT DE 7 LETTRES

JEU 129

Officiellement reconnues

A	D	F	I	M	O	S
abâtardi	dense	fétonné	idéaux	maint	office	sain
aberrante	dévotieux	finn	idiosyncrasie	malard	P	saké
agnelin	E	fleurer	indium	marteau	parlé	sonnant
ambrer	envoies	fleuri	infiniment	mille	prose	sultan
C	éteule	forme	J	modem	prudent	T
charpenter	étole	H	jockey	moudre	R	tourmentée
chihuahua	éventrer	hecto	L	N	regonflé	V
cordelette	évoé		labbe	naturelle	revêtue	variation
			ledit	noyauter	rouissoir	veston
			limon			vivat
			liturgie			voir

	1	2	3	4	5	6	7	8	9	10	11	12	13	14	15	16	17	18
1	E	E	F	I	N	N	U	O	A	A	B	A	T	A	R	D	I	N
2	E	S	V	L	M	A	A	T	Y	E	K	C	O	J	R	N	O	I
3	T	A	O	O	E	T	E	C	I	F	F	O	L	A	F	T	X	L
4	N	K	D	R	E	U	T	E	V	E	R	I	L	I	S	U	A	E
5	E	E	G	E	P	R	R	H	R	A	T	A	N	E	E	B	R	N
6	M	E	E	T	E	E	A	E	E	U	M	I	V	I	B	D	E	G
7	R	L	L	O	M	L	M	T	R	S	M	B	T	E	U	R	I	A
8	U	L	R	L	R	L	E	G	I	E	N	O	R	O	E	E	S	C
9	O	I	A	E	O	E	I	N	N	D	V	E	M	E	T	T	A	H
10	T	M	P	E	F	E	C	T	N	E	E	U	D	A	R	U	R	A
11	T	N	E	D	U	R	P	H	D	O	I	L	V	F	S	A	C	R
12	E	N	O	M	I	L	E	T	I	D	T	I	U	L	U	Y	N	P
13	E	L	F	N	O	G	E	R	N	H	V	E	X	E	L	O	Y	E
14	S	E	I	O	V	N	E	I	T	A	U	M	F	U	T	N	S	N
15	A	B	E	R	R	A	N	T	E	N	N	A	A	R	A	E	O	T
16	E	T	T	E	L	E	D	R	O	C	E	N	H	I	N	E	I	E
17	S	A	I	N	O	I	T	A	I	R	A	V	O	U	N	S	D	R
18	V	O	I	R	O	U	I	S	S	O	I	R	E	S	A	T	I	I

MOT DE 4 LETTRES

Projet de loi du Parlement anglais

A
adonis
aétite
agro
alcade
aldine
ampérage
aorte
arlequin
C
cadenas
conservé

continent
cordon
D
désiré
dévider
directive
divis
E
échevin
elle
émincé
encensé
escrime

exagérée
exécrable
F
foré
G
gabier
granuleux
grisou
H
habillage

I
ingérence
installateur
inusable
K
kaolin
L
lotir

N
naïve
nasal
naturiste
O
ornière
P
palmier
partial
péage
pizza

R
rabane
rires
S
sachem
scotie
seing
slogan
sonore
souplesse

T
tendres
tourments
trame
V
vampire
varan
Y
yodler

	1	2	3	4	5	6	7	8	9	10	11	12	13	14	15	16	17	18
1	N	A	I	V	E	E	V	I	T	C	E	R	I	D	E	T	N	A
2	G	R	I	S	O	U	P	L	E	S	S	E	N	P	G	N	O	E
3	E	G	A	E	P	A	L	C	A	D	E	E	A	S	A	E	D	T
4	E	S	N	E	C	N	E	O	I	B	M	R	T	T	R	N	R	I
5	G	A	B	I	E	R	A	V	T	I	T	E	U	N	E	I	O	T
6	N	A	G	O	L	S	I	R	N	I	A	X	R	E	P	T	C	E
7	E	M	I	R	C	S	E	C	A	G	R	E	I	M	M	N	R	I
8	A	S	E	I	N	G	E	L	R	V	L	C	S	R	A	O	S	N
9	L	Z	E	H	K	X	A	O	R	T	E	R	T	U	N	C	R	S
10	I	A	Z	L	C	A	U	L	R	I	Q	A	E	O	O	E	E	T
11	N	N	S	I	B	A	O	E	D	N	U	B	S	T	D	E	G	A
12	A	I	G	A	P	A	S	L	L	I	I	L	I	I	P	V	A	L
13	D	Y	V	E	N	E	S	E	I	U	N	E	V	L	A	R	L	L
14	O	E	O	E	R	E	S	U	N	N	N	E	R	M	L	E	L	A
15	N	L	S	D	H	E	D	E	N	A	D	A	P	E	M	S	I	T
16	I	L	N	I	L	C	N	A	R	I	B	I	R	A	I	N	B	E
17	S	E	F	O	R	E	E	C	C	I	R	A	R	G	E	O	A	U
18	T	E	X	A	G	E	R	E	E	E	E	R	T	R	L	R	C	H	R

MOT DE 4 LETTRES

Polissonne

	1	2	3	4	5	6	7	8	9	10	11	12	13	14	15	16	17	18
1	E	E	A	L	I	A	S	E	I	T	T	R	R	G	A	M	M	A
2	H	R	D	I	G	E	S	T	T	N	R	E	E	G	D	I	R	B
3	C	N	E	R	E	G	A	T	E	E	A	T	N	O	T	C	I	D
4	U	E	O	D	A	O	G	E	R	M	V	I	E	S	U	H	T	E
5	P	B	R	D	R	H	O	C	A	E	A	C	M	S	U	N	V	R
6	A	E	E	R	A	A	U	A	T	T	I	I	E	A	A	R	I	E
7	C	Y	N	L	E	L	C	F	I	C	L	L	D	Y	E	O	N	I
8	V	O	O	R	O	R	E	O	F	E	I	E	U	S	B	E	A	N
9	N	I	S	U	U	N	I	E	R	J	E	F	R	E	M	L	S	O
10	A	D	V	I	P	T	L	L	P	B	R	E	I	U	A	A	S	H
11	P	V	R	A	R	I	E	L	R	A	V	R	E	S	L	N	E	T
12	E	I	E	A	T	T	H	I	E	N	A	I	R	E	L	A	V	E
13	R	S	B	R	P	S	P	A	M	M	G	R	I	F	F	U	L	E
14	T	A	E	E	G	E	A	M	U	P	B	A	N	N	I	U	R	F
15	N	V	E	F	F	E	M	I	N	E	I	B	U	N	O	G	A	O
16	A	E	T	I	E	R	P	E	I	O	D	E	R	A	O	T	R	Y
17	S	N	I	O	M	O	B	O	N	D	O	N	B	T	A	U	E	A
18	E	R	U	H	C	R	O	C	E	T	T	N	E	M	E	P	A	T

JEU 132

MOT DE 4 LETTRES

Veuve qui s'immolait sur le bûcher funéraire de son mari, en Inde

A	candide	F	I	P	S	traces
abajoues	cavité	faucon	iléite	pénil	sanglot	truie
aplomb	coite	foulard	ippon	perdu	scampi	U
appeau	copiée	G	J	périscope	science	urique
auto	D	gâche	jobarder	pidgin	secoué	uropode
B	dérapé	garo	L	prescription	sépale	uval
basta	devis	grue	lycène	propre	silo	
borée	E	guêtre	N	R	stupide	
braire	éblouit	H	néphrologue	rasta	T	
busc	épanoui	hecto	notule	resaler	tablette	
C	essart	hellène			taule	
cafouilleur		herbage			touche	
calmir						

	1	2	3	4	5	6	7	8	9	10	11	12	13	14	15	16	17	18
1	D	N	H	I	L	S	U	S	T	P	R	I	E	E	B	E	A	D
2	T	E	E	P	I	E	V	A	H	R	U	A	R	T	D	U	R	T
3	R	P	R	M	N	P	A	E	E	O	A	I	S	I	I	A	S	U
4	U	H	B	A	E	A	L	I	N	P	A	S	P	T	L	O	R	C
5	I	R	A	C	P	L	L	A	E	R	P	U	S	U	A	I	C	P
6	E	O	G	S	E	E	P	C	B	E	T	A	O	E	Q	A	E	I
7	D	L	E	N	I	E	N	E	P	S	N	F	C	U	E	B	T	D
8	E	O	E	T	N	E	I	E	U	G	O	A	E	D	L	A	T	G
9	V	G	E	B	I	O	R	P	L	O	F	T	O	Y	P	J	E	I
10	I	U	A	C	O	D	T	O	P	O	C	P	C	L	I	O	L	N
11	S	E	S	R	U	R	T	U	U	O	O	E	O	E	L	U	B	F
12	E	H	C	U	O	T	E	I	L	R	N	M	S	I	H	E	A	A
13	C	A	V	I	T	E	L	E	U	E	B	A	S	T	A	S	T	U
14	G	T	I	U	O	L	B	E	E	P	O	C	S	I	R	E	P	C
15	R	A	A	R	E	D	R	A	B	O	J	C	A	L	M	I	R	O
16	U	U	C	U	E	R	T	E	U	G	E	D	I	D	N	A	C	N
17	E	T	R	H	L	R	E	L	A	S	E	R	T	R	A	C	E	S
18	C	O	P	I	E	E	N	O	I	T	P	I	R	C	S	E	R	P

MOT DE 4 LETTRES

Interjection

A	C	E	I	melliflu	R	T
ablier	cancre	échiner	inusuel	mitose	raidi	télécopie
accus	cati	éjection	J	N	rapiat	torse
alibi	chevet	estime	jouet	napalm	réal	U
anglo	coures	estomac	L	O	rein	usufruit
B	course	F	larcin	obnubiler	rejets	V
beau	curable	falloir	lester	osseux	revoter	vicaire
bluff	D	fiole	lipide	ossu	S	violenter
boulot	débile	G	lougre	oust	séance	vitrer
bruit	décamper	gratifié	M	P	souci	vitrine
	devancier	H	matador	phobie	stopper	
	dîner	hermine	melba	pleuvoir	surfin	
				pointé		

	1	2	3	4	5	6	7	8	9	10	11	12	13	14	15	16	17	18
1	R	E	P	P	O	T	S	M	E	C	E	I	F	I	T	A	R	G
2	E	N	I	M	R	E	H	R	A	L	U	L	F	I	L	L	E	M
3	F	M	E	L	B	A	G	M	I	T	O	L	U	O	B	P	N	P
4	R	A	I	D	I	U	O	B	O	S	A	A	L	A	F	H	I	O
5	L	E	L	T	O	T	E	E	L	C	U	D	B	I	E	O	H	I
6	S	E	J	L	S	D	E	I	G	O	P	C	O	L	C	B	C	N
7	E	E	U	E	O	E	N	P	N	U	L	L	C	R	I	I	E	T
8	R	C	R	S	T	I	I	O	A	R	E	P	M	A	C	E	D	E
9	N	E	N	U	U	S	R	C	U	S	U	F	R	U	I	T	R	V
10	O	O	I	A	O	N	T	E	S	E	V	R	E	I	R	T	I	E
11	E	B	I	C	E	C	I	L	U	L	O	A	I	E	B	O	A	H
12	R	R	N	T	N	S	V	E	R	B	I	P	N	J	L	I	R	C
13	E	E	I	U	C	A	C	T	F	A	R	I	L	E	O	E	L	I
14	R	S	T	A	B	E	V	A	I	R	D	A	N	T	V	U	C	A
15	T	O	R	S	C	I	J	E	N	U	R	T	I	O	S	U	E	L
16	I	T	E	O	E	I	L	E	D	C	E	U	T	S	O	U	S	T
17	V	I	A	A	T	L	V	E	I	R	R	E	O	S	S	E	U	X
18	C	M	L	A	P	A	N	N	R	B	R	E	L	I	P	I	D	E

MOT DE 8 LETTRES

Allié

A	cipre	F	L	N	prédisposé	S
abstème	coder	franco	lente	nacré	prude	sagouin
accéléré	crase	G	lien	O	R	sfumato
antilogique	cuisinier	gindre	long	octrois	raki	T
areligieux	D	gomina	loulou	orémus	rasade	talle
B	décentré	graphie	lusin	oronge	ration	tannée
balayer	discorde	I	M	P	repenser	
C	dispense	implanter	malle	papier	respects	
cadre	dolman	inquiéter	mauvais	perlon	rondelet	
cafre	E		mener	plumitif		
callosité	entracte			porté		
calme	étonné					

	1	2	3	4	5	6	7	8	9	10	11	12	13	14	15	16	17	18
1	C	S	I	O	R	T	C	O	A	B	S	T	E	M	E	N	E	R
2	E	E	U	Q	I	G	O	L	I	T	N	A	D	L	D	M	R	A
3	N	R	A	R	E	L	I	G	I	E	U	X	A	O	R	A	E	K
4	T	E	O	R	E	T	E	I	U	Q	N	I	S	U	O	U	T	I
5	R	L	E	R	E	E	I	H	P	A	R	G	A	L	C	V	N	N
6	A	E	C	S	E	R	R	C	R	R	N	E	R	O	S	A	A	A
7	C	C	Y	A	O	D	T	D	R	E	U	A	I	U	I	I	L	C
8	T	C	E	A	L	P	O	N	A	A	P	D	M	P	D	S	P	R
9	E	A	T	G	L	L	S	C	E	C	S	E	E	L	A	N	M	E
10	G	C	O	O	O	A	O	I	J	C	R	E	N	U	O	P	I	T
11	I	A	N	M	N	E	B	S	D	O	E	F	U	S	D	D	E	C
12	N	F	N	I	G	F	O	N	I	E	I	D	T	I	E	L	E	A
13	D	R	E	N	R	T	I	R	G	T	R	C	S	N	E	R	N	L
14	R	E	O	A	A	U	A	E	I	E	E	P	E	D	P	E	N	M
15	E	R	N	M	O	T	L	M	T	P	E	L	N	I	I	U	A	E
16	O	C	U	G	I	L	U	R	S	N	L	O	C	L	E	N	T	E
17	O	F	A	O	A	L	O	E	S	A	R	P	E	R	L	O	N	E
18	S	S	N	M	P	P	R	E	T	R	E	I	N	I	S	I	U	C

MOT DE 10 LETTRES

Partisan

A	B	D	G	L		T
abribus	banlieue	délecter	galéjade	lady	poule	tirant
aluner	baroque	dépassée	gloser	lapis	présentée	toile
amerrir	battage	dorien	glyptique	N	R	tonton
anormale	C	dronte	gosse	nano	ratte	toubib
anthèse	charte	E	guéret	O	roquetin	V
appât	colombage	effraie	H	orphéon	S	vieil
areau	comploter	éléphant	hangar	P	saugrenue	
assumer	coupoir	F	hurle	parquet	ségrégation	
attrition		farci	I	pénombre	sommité	
		fuchsia	ilote	piccolo	sumo	
			inepte	piqûre	suros	

	1	2	3	4	5	6	7	8	9	10	11	12	13	14	15	16	17	18
1	N	I	T	E	U	Q	O	R	A	B	R	T	S	E	D	N	F	G
2	O	S	A	U	G	R	E	N	U	E	A	I	L	U	O	A	U	R
3	T	B	A	N	L	I	E	U	E	P	G	E	R	I	R	N	C	E
4	N	O	E	H	P	R	O	N	P	G	P	A	T	R	I	O	H	S
5	O	R	A	T	T	E	U	A	U	H	L	A	L	D	E	A	S	O
6	T	E	U	Q	R	A	P	C	A	L	G	Y	E	E	N	M	I	L
7	E	S	L	A	P	I	S	N	O	E	A	L	P	G	J	A	A	G
8	G	E	U	E	D	S	T	E	R	M	E	B	A	T	T	A	G	E
9	A	H	E	M	R	R	O	G	A	C	P	R	E	T	I	L	D	E
10	B	T	A	T	O	U	E	M	T	B	I	L	R	T	I	Q	I	E
11	M	N	N	P	N	S	Q	E	M	O	R	I	O	E	O	A	U	D
12	O	A	O	E	T	E	R	I	P	I	T	I	I	T	R	L	E	E
13	L	I	R	N	E	L	S	U	P	I	T	V	B	F	E	L	I	P
14	O	U	M	O	T	S	O	E	O	N	I	E	F	U	R	R	L	A
15	C	A	A	M	O	C	S	N	R	E	R	E	M	U	S	S	A	S
16	C	E	L	B	I	B	U	O	T	P	A	C	H	A	R	T	E	S
17	I	R	E	R	L	A	D	Y	G	T	N	P	O	U	L	E	E	E
18	P	A	R	E	E	G	U	E	R	E	T	O	I	C	R	A	F	E

136

MOT DE 10 LETTRES

Alarmants

A	C	E	I	O	R	T
ailerons	calambour	enliser	inexpié	oxer	rampement	torpédo
amendes	caser	euphorique	ippon	**P**	rémora	transporter
apprendre	change	expérimenter	isba	parsec	ruer	trépassé
aryen	chevalier	**G**	**L**	piquet	**S**	**V**
aurige	climax	geler	lainer	priodonte	scout	vélum
B	copieuses	gerbière	**M**	psylle	sixain	viscère
bâchage	cosse	**H**	marle		squameux	volée
bataclan	**D**	hémicycle	monoï		suage	
biner	déshérité		motiver		susceptible	
	dorer		mulon			
			mutiler			

	1	2	3	4	5	6	7	8	9	10	11	12	13	14	15	16	17	18
1	R	R	C	O	P	I	E	U	S	E	S	P	I	Q	U	E	T	E
2	E	E	E	P	E	T	R	A	N	S	P	O	R	T	E	R	T	R
3	S	M	L	H	R	G	A	P	P	R	E	N	D	R	E	R	E	E
4	A	O	B	E	V	I	I	S	I	X	A	I	N	F	E	N	R	L
5	C	R	I	M	F	O	O	R	C	I	N	E	X	P	I	E	R	E
6	E	A	T	I	R	R	L	D	U	H	A	A	A	S	S	G	G	G
7	T	M	P	C	R	E	E	E	E	O	A	E	S	L	I	M	A	B	N
8	I	P	E	Y	E	E	V	L	E	N	S	V	L	C	H	I	Y	A
9	R	E	C	C	T	S	E	I	I	E	T	N	A	C	A	E	L	H
10	E	M	S	L	N	S	R	U	T	T	E	E	A	L	G	T	R	C
11	H	E	U	E	E	O	E	A	P	O	U	B	M	A	I	U	A	N
12	S	N	S	T	M	C	X	A	P	H	M	M	U	U	O	E	E	B
13	E	T	S	O	I	D	O	R	E	R	O	S	P	B	L	Y	R	M
14	D	M	C	R	R	N	I	P	P	O	N	R	M	S	R	E	M	A
15	N	U	O	P	E	B	I	N	E	R	T	A	I	A	Y	O	V	R
16	E	L	U	E	P	S	N	O	R	E	L	I	A	Q	N	L	E	L
17	M	O	T	D	X	X	U	E	M	A	U	Q	S	O	U	U	L	E
18	A	N	S	O	E	V	I	S	C	E	R	E	I	B	R	E	G	E

MOT DE 8 LETTRES

Accommodant

A	C	D		L	O	S
about	cagibi	décrit	ermitage	licéité	orbitaire	sajou
absous	carnation	délicatesse	escape	lingot	ordalie	V
apyre	castrisme	dénommé	F	loquet	P	veule
asexué	congédié	dévoyé	forci	M	pelucheux	W
attente	conque	E	G	mobile	platinite	wigwam
atterré	corail	ébrancher	goglu	moïse	prêche	Y
B	courroie	échancrer	H	N	R	yaourt
balcon	crase	écot	hotu	névrite	roseau	
barbillon	critiquer	empirique	I	notoire		
bille		encrer	iguane	nuit		
birr		enfance	inférieur			
blette						

	1	2	3	4	5	6	7	8	9	10	11	12	13	14	15	16	17	18
1	C	D	E	C	R	I	T	I	Q	U	E	R	E	S	C	A	P	E
2	A	G	S	A	J	O	U	D	E	L	I	C	A	T	E	S	S	E
3	S	O	R	U	E	I	R	E	F	N	I	A	E	Y	O	V	E	D
4	T	G	L	I	C	E	I	T	E	N	E	V	R	I	T	E	G	P
5	R	L	I	A	R	O	C	R	E	G	E	D	E	N	O	M	M	E
6	I	U	O	C	N	C	R	U	E	R	A	T	E	L	U	E	V	L
7	S	E	N	Q	R	C	O	O	I	R	I	T	E	C	C	T	E	U
8	M	E	B	A	U	W	F	A	C	N	C	C	I	A	O	I	O	C
9	E	A	S	R	I	E	T	Y	I	O	N	N	G	M	O	T	E	H
10	E	E	E	G	A	I	T	T	E	A	N	I	A	R	R	R	E	E
11	N	M	W	R	B	N	A	N	F	N	B	G	R	H	Y	E	T	U
12	S	A	P	R	I	L	C	N	E	I	A	U	E	P	C	I	T	X
13	M	U	O	I	P	O	E	H	L	T	O	U	A	D	U	E	E	E
14	O	A	O	E	R	R	T	L	E	C	T	O	G	N	I	L	L	S
15	B	E	B	S	S	I	E	O	O	R	D	A	L	I	E	E	B	A
16	I	S	I	O	B	I	Q	C	N	B	A	R	B	I	L	L	O	N
17	L	O	R	T	U	A	O	U	H	C	A	R	N	A	T	I	O	N
18	E	R	R	E	T	T	A	M	E	E	U	Q	N	O	C	L	A	B

JEU 138

MOT DE 5 LETTRES

Charcuterie italienne

A	C	F	J	N	R	T
achevé	ciboire	finn	jodler	noise	raffiner	tette
affaissé	cliver	fragiliser	jonque	nuement	rasta	torride
asphalter	corsé	frêle	K	P	releveur	traînée
auditif	courtisan	frérot	kabig	paella	rêverie	triplé
B	D	G	L	pante	riffe	tumescent
boni	dégrevé	gercer	lait	patte	rudenter	V
bulle	délire	gratin	lover	paysage	S	vidangeur
	E	H	M	péricarpe	sashimi	vigneau
	écrire	honnir	malappris	pleuviner	serpenteau	voler
	exacerber		mimosa	prélevé	sondeur	
	exorde				suture	
					svelte	

	1	2	3	4	5	6	7	8	9	10	11	12	13	14	15	16	17	18
1	P	R	E	L	E	V	E	U	R	R	R	G	M	I	M	O	S	A
2	D	G	A	U	D	I	T	I	F	T	E	E	I	B	U	L	L	E
3	R	E	L	D	O	J	O	N	Q	U	E	V	N	B	O	N	I	T
4	P	R	G	A	F	F	A	I	S	S	E	T	O	I	A	C	E	L
5	A	C	F	R	A	G	I	L	I	S	E	R	T	L	F	K	P	E
6	Y	E	T	N	E	C	S	E	M	U	T	O	R	E	R	F	R	V
7	S	R	E	N	I	V	U	E	L	P	C	O	R	S	E	I	A	S
8	A	S	T	E	R	U	E	G	N	A	D	I	V	R	O	T	C	R
9	G	E	R	R	E	B	R	E	C	A	X	E	E	B	O	G	I	E
10	E	R	A	U	V	E	X	O	R	D	E	L	I	R	E	R	R	R
11	A	P	I	T	E	O	U	E	E	R	O	C	R	N	U	A	E	I
12	C	E	N	U	R	R	F	S	V	V	U	I	T	D	O	T	P	R
13	H	N	E	S	T	F	A	A	I	E	D	E	E	R	L	I	I	C
14	E	T	E	I	I	T	F	S	L	E	T	N	D	A	I	N	S	E
15	V	E	S	R	S	R	P	H	C	L	T	T	H	N	N	P	T	E
16	E	A	U	A	E	N	G	I	V	E	E	P	A	O	O	N	L	P
17	N	U	R	L	A	I	T	M	R	A	S	A	H	P	A	S	I	E
18	N	U	E	M	E	N	T	I	M	A	L	A	P	P	R	I	S	F

MOT DE 11 LETTRES

Curetage

A	B	D	J	P	R	S
acquitté	basmati	déléguer	jackpot	parasites	rabbin	sèches
aérées	brème	dolic	L	partant	raya	sloche
affût	C	E	lunch	privé	rebuts	studette
agile	cabus	église	M	pruneau	redonner	suspecter
allène	carburant	ergol	minois	pudeur	redû	T
animal	cauri	eyra	muguet	Q	rentabiliser	talweg
apidés	cédrat	F	N	quiet	rider	tatami
apode	ciron	fatum	note			taudis
armure	concision	firme	O			treuil
aspire	consigner	fréter	oiseux			Y
avenu		fricot				yèble

	1	2	3	4	5	6	7	8	9	10	11	12	13	14	15	16	17	18
1	T	R	E	D	O	N	N	E	R	I	O	N	S	E	E	R	E	A
2	T	A	T	T	A	U	D	I	S	T	I	D	E	N	E	L	L	A
3	R	A	L	N	E	M	R	I	F	A	S	E	A	P	O	D	E	E
4	E	T	T	W	A	M	N	A	T	M	E	L	T	T	E	I	U	Q
5	T	S	O	A	E	R	U	I	Y	S	U	E	L	O	G	R	E	S
6	C	L	C	P	M	G	U	G	B	A	X	G	R	E	B	U	T	S
7	E	O	I	O	K	I	L	B	U	B	I	U	R	E	D	U	H	B
8	P	C	R	U	A	C	P	I	R	E	A	E	C	C	D	C	S	R
9	S	H	F	F	E	R	A	R	S	A	T	R	O	E	N	E	P	E
10	U	E	F	L	U	R	C	J	U	E	C	N	T	U	D	A	A	M
11	S	U	B	E	A	M	T	I	R	N	C	T	L	I	V	R	R	E
12	T	E	D	G	S	N	U	F	R	I	E	P	P	E	Y	R	A	E
13	Y	U	I	U	A	M	A	T	S	O	R	A	N	O	T	E	S	T
14	P	L	B	T	R	N	I	I	A	I	N	U	U	D	O	L	I	C
15	E	A	R	E	I	R	O	E	V	F	A	C	Q	U	I	T	T	E
16	C	A	D	M	U	N	R	E	S	I	L	I	B	A	T	N	E	R
17	P	I	A	A	I	C	O	N	S	I	G	N	E	R	I	P	S	A
18	R	L	C	M	S	E	C	H	E	S	N	A	R	M	U	R	E	T

MOT DE 4 LETTRES

Ponte des œufs par la femelle des poissons

A	C	E	K	N	porc	S
accoutré	cilice	eisbein	kermès	nævus	pouls	saur
agacé	clephte	épave	L	nubile	prône	sphéroïdal
alaire	combe	ergot	libéral	O	Q	studio
alcoolats	crépir	F	lopin	oblong	quignon	V
ameuter	cupide	faisselle	loriot	octal	R	vielle
B	D	frisotté	M	oraliser	ravie	
bailli	débâter	J	maigri	P	révulsion	
béer	dévier	jetée	mairie	paprika		
béluga	dionée	jubiler	mède	parodier		
bistre		justifier	minées	peuhl		
bondelle			montagnes	pitre		
			moustachu	plumée		

	1	2	3	4	5	6	7	8	9	10	11	12	13	14	15	16	17	18
1	F	S	P	S	E	R	T	U	O	C	C	A	P	I	T	R	E	S
2	A	A	E	P	R	E	T	U	E	M	A	V	I	E	L	L	E	T
3	I	U	U	H	P	F	E	B	H	R	E	S	I	L	A	R	O	A
4	S	R	H	E	O	A	M	N	L	C	E	T	H	P	E	L	C	L
5	S	E	L	R	R	O	R	I	O	E	A	D	E	E	T	E	J	O
6	E	I	R	O	C	B	B	O	I	I	E	T	E	R	G	O	T	O
7	L	F	E	I	I	E	O	V	D	B	D	N	S	J	T	O	B	C
8	L	I	V	D	R	R	A	N	A	I	A	U	U	U	C	S	A	L
9	E	T	U	A	E	R	G	T	D	E	E	B	T	T	O	P	I	A
10	M	S	L	L	E	O	E	I	V	E	I	R	A	S	L	M	L	B
11	O	U	S	F	B	R	C	U	A	L	L	L	N	U	B	I	L	E
12	N	J	I	L	R	U	S	E	E	M	S	L	M	L	O	P	I	N
13	T	O	O	E	P	I	I	R	C	R	B	E	E	A	C	A	L	M
14	A	N	N	I	R	S	S	R	E	P	E	E	M	I	I	P	O	I
15	G	E	D	G	B	I	E	O	R	P	C	I	L	R	O	R	R	N
16	N	E	D	E	I	P	A	O	T	A	A	I	V	U	E	I	I	E
17	E	R	I	E	I	U	N	L	G	T	C	V	L	E	G	K	O	E
18	S	N	A	R	M	E	Q	A	A	E	E	S	E	I	D	A	T	S

MOT DE 6 LETTRES

Rejeté

A	C	E	L	N	R	T
abaque	chétif	emmental	labium	némale	raffinés	tamier
affleurer	cohues	énorme	lacs	noria	S	testé
amours	commençant	G	laiton	O	sablé	texan
appas	crié	gâchis	langue	ogre	sasseur	titi
aube	curée	givrer	M	oogone	saumure	torii
avertis	D	grisbi	mali	P	sherpa	U
B	décerné	guète	mésange	palilalie	sponsor	ursidés
babine	descendre	I	miteux	parme	stibié	V
berbère	dorure	infusé	mûri	payer		visée
	douanier	intérioriser	muter	poinçonné		visible

	1	2	3	4	5	6	7	8	9	10	11	12	13	14	15	16	17	18
1	S	E	S	L	A	T	N	E	M	M	E	D	N	R	C	O	E	E
2	E	R	T	A	M	I	E	R	I	C	O	A	E	E	O	R	R	N
3	D	U	R	V	U	S	R	T	T	U	O	R	M	G	M	E	I	R
4	I	R	E	E	I	M	E	O	A	E	U	H	O	O	B	A	O	E
5	S	O	S	V	L	U	U	N	N	E	X	N	U	R	U	S	L	C
6	R	D	I	E	X	B	I	R	L	I	E	A	E	E	N	R	C	E
7	U	L	R	R	S	E	A	F	E	L	E	B	N	O	S	H	S	D
8	S	A	O	D	R	H	F	S	S	A	N	E	P	R	E	Y	A	P
9	I	N	I	N	L	A	E	G	A	L	I	S	S	T	I	B	I	E
10	T	G	R	E	A	A	A	R	P	I	B	U	I	E	E	E	U	R
11	R	U	E	C	B	E	C	I	P	L	A	F	G	T	M	R	U	A
12	E	E	T	S	I	C	L	S	A	A	B	N	G	R	O	E	G	N
13	V	T	N	E	U	Q	A	B	A	P	A	I	O	A	S	R	O	O
14	A	E	I	D	M	A	L	I	I	S	T	N	M	S	C	T	I	E
15	S	E	N	I	F	F	A	R	E	S	E	E	A	U	I	H	E	I
16	T	N	A	C	N	E	M	M	O	C	I	S	S	A	T	R	I	U
17	E	M	R	A	P	R	E	R	V	I	G	V	L	T	U	E	U	S
18	T	I	T	I	P	O	I	N	C	O	N	N	E	C	E	E	R	M

MOT DE 6 LETTRES

Rognure

A	D	F	grotte	N	R	T
about	décati	feints	guéable	néréide	reconnaissant	tangage
alcoolat	dragon	fertile	**K**	**O**	recto	tempérament
alisme	duplicata	filmeur	khan	opérette	rupin	**U**
ankyloser	**E**	flâner	**L**	**P**	sylphe	unilatéral
appuyé	engelure	flegme	laçage	péniblement	sergent	**V**
avec	éthane	flûtiste	loueur	phonie	sexualité	vicié
B	étoffer	forge	**M**	ptose	sexué	vigie
bataille	étude	**G**	momier	pulque	signet	vocaliser
C	éviter	gari	moyen		sylphe	
châtié		gecko				
coloris		gentil				
		grêlon				

	1	2	3	4	5	6	7	8	9	10	11	12	13	14	15	16	17	18
1	R	E	C	O	N	N	A	I	S	S	A	N	T	R	S	P	E	D
2	E	N	G	E	L	U	R	E	B	A	F	R	O	I	E	L	E	T
3	V	E	E	T	O	F	F	E	R	A	E	E	R	G	B	C	N	R
4	I	R	E	T	H	A	N	E	S	S	T	O	R	A	A	E	T	E
5	G	E	F	E	I	N	T	S	I	O	L	A	E	T	M	R	H	O
6	I	I	A	R	E	N	A	L	F	O	L	U	I	E	I	P	D	O
7	E	D	P	E	I	T	A	H	C	U	G	Y	L	L	L	L	K	T
8	N	E	P	P	N	C	E	S	O	T	P	B	K	Y	L	C	E	E
9	L	E	U	O	O	E	T	U	D	E	I	R	S	N	E	E	U	M
10	A	R	Y	V	H	D	S	I	G	N	E	T	N	G	A	X	E	P
11	R	T	E	O	P	U	E	R	E	T	U	O	B	A	E	T	P	E
12	E	A	T	R	M	P	R	P	I	R	L	T	E	S	I	E	U	R
13	T	L	S	U	E	L	G	V	R	E	E	G	A	L	E	G	L	A
14	A	O	I	E	M	I	E	V	R	U	R	I	A	N	R	A	Q	M
15	L	O	T	M	G	C	N	G	I	O	E	U	M	O	G	C	U	E
16	I	C	U	L	E	A	T	A	F	C	X	U	T	O	E	A	E	N
17	N	L	L	I	L	T	I	R	H	E	I	T	O	V	M	L	G	T
18	U	A	F	F	F	A	L	I	S	K	E	E	A	L	I	S	M	E

MOT DE 4 LETTRES

Unité de mesure de puissance électrique

A	D	F	L	P	R	T
acarus	déclin	fluet	lois	paean	râteau	télescope
actifs	dires	formateur	luire	payant	rideau	testateur
âgisme	E	G	M	pelle	rubané	tien
aléas	ébriété	gigue	mafioso	plante	S	totales
argileux	élimer	grenat	marial	poêle	saisis	transfini
ariette	enchaîner	guignolet	meulon	pointillé	satire	V
C	entrer	I	mousse	pongé	sommet	vibrato
cabrouet	érable	info	O	praire	songer	
changement	étai	injurieux	oppresser		soutenir	
chiton	étique				spiritueux	
					stand	
					surréel	

	1	2	3	4	5	6	7	8	9	10	11	12	13	14	15	16	17	18
1	S	F	I	T	C	A	M	R	I	N	I	F	S	N	A	R	T	S
2	E	V	I	B	R	A	T	O	I	C	W	A	G	E	A	P	E	O
3	T	L	A	F	F	P	L	I	H	D	C	R	S	T	S	R	L	M
4	A	O	L	I	L	U	A	I	E	A	E	S	E	E	A	A	E	M
5	I	I	O	E	I	U	T	Y	R	N	U	A	L	I	I	I	S	E
6	T	S	T	R	P	O	E	U	A	O	U	L	U	R	S	R	C	T
7	O	R	E	G	N	O	S	T	M	N	I	G	A	B	I	E	O	N
8	T	R	U	E	T	A	T	S	E	T	T	M	I	E	S	F	P	E
9	A	R	R	A	G	U	I	G	N	O	L	E	T	G	O	R	E	M
10	L	E	E	R	R	U	S	I	P	A	E	A	N	R	U	X	T	E
11	E	N	S	E	E	G	O	D	R	L	C	R	M	B	U	E	T	G
12	S	I	S	M	U	P	I	I	I	I	A	A	A	E	T	R	E	N
13	A	A	E	I	Q	A	N	L	B	R	T	N	I	B	E	E	I	A
14	G	H	R	L	I	E	L	R	E	E	E	R	T	R	L	L	R	H
15	I	C	P	E	T	N	O	E	U	U	U	S	T	E	C	E	A	C
16	S	N	P	U	E	U	F	R	A	J	X	N	O	E	G	N	O	P
17	M	E	O	M	E	U	L	O	N	S	E	P	D	S	T	A	N	D
18	E	S	A	T	I	R	E	I	S	P	I	R	I	T	U	E	U	X

MOT DE 10 LETTRES

Étreinte

A	C	essarter	I	O	S	U
abattée	chef	étayer	importuné	ocrer	saine	utopie
adénites	concepteur	F	infâme	oups	scindé	V
aillolis	crassier	flûte	L	P	sirocco	versifier
allant	D	G	longeron	palinodie	stade	voyou
amener	dévoilé	gueux	M	payeur	tache	
anticiper	doter	H	mescal	prétendre	tagal	
arçon	E	haro	mésestime	prolixité	tictac	
arrosé	éclair	haute	minou	R	toussailler	
	éclat	hégire	N	radicelle	tracer	
	écuyer	hutte	nigauderie	raton	truie	
	errant			recalé	turco	
				rodéo		

	1	2	3	4	5	6	7	8	9	10	11	12	13	14	15	16	17	18
1	E	N	O	T	A	R	A	R	R	U	E	T	P	E	C	N	O	C
2	M	E	S	E	S	T	I	M	E	O	F	E	H	C	N	V	C	H
3	R	E	I	S	S	A	R	C	E	Y	D	C	A	I	S	O	R	U
4	R	A	D	I	C	E	L	L	E	N	A	E	R	M	I	Y	E	T
5	S	D	P	A	Y	E	U	R	L	T	E	T	O	P	L	O	R	T
6	I	A	E	U	P	R	E	T	E	N	D	R	E	O	O	U	R	E
7	R	D	C	V	T	R	E	C	E	I	U	R	T	R	L	E	E	P
8	O	E	O	U	O	N	E	H	A	U	T	E	M	T	L	R	P	A
9	C	U	R	T	I	I	S	C	I	N	D	E	N	U	I	E	I	L
10	C	C	P	A	E	A	L	L	A	N	T	I	A	N	A	I	C	I
11	O	E	S	S	A	R	T	E	R	L	G	D	L	E	E	F	I	N
12	E	T	I	X	I	L	O	R	P	A	E	O	T	X	U	I	T	O
13	E	R	I	G	E	H	U	M	U	N	N	A	T	U	O	S	N	D
14	T	I	F	L	U	T	E	D	I	G	L	A	I	E	N	R	A	I
15	T	A	R	R	O	S	E	T	E	C	R	N	C	U	I	E	R	E
16	A	L	G	P	C	R	E	R	E	C	A	R	T	G	M	V	R	T
17	B	C	I	A	I	S	O	T	O	U	S	S	A	I	L	L	E	R
18	A	E	L	E	L	N	I	N	F	A	M	E	C	E	D	A	T	S

MOT DE 9 LETTRES

Personnes qui conduisent une opération d'affinage

A	B		G	M	P	S
aérée	baryte	clignoter	gastronome	menton	pâmoison	similarité
aérer	bièvre	clisse	gray	N	pampa	sire
agreg	bigoudi	croire	I	naïveté	perforant	suivi
aloyaux	bonne	D	iniquités	nenni	pichet	T
amidon	brésilien	déposé	J	O	prune	tablar
arpent	butanier	dérouté	jappement	obsédé	R	tankiste
ataca	C	E	L	olympique	rugby	tilt
atrabilaire	candir	enfouir	létal	ovin	ruser	tortu
	caneton	ermite	levant			V
	challenger	étoupe				vinée
	champi					

	1	2	3	4	5	6	7	8	9	10	11	12	13	14	15	16	17	18
1	E	G	T	T	A	A	E	S	O	P	E	D	R	U	T	R	O	T
2	R	R	N	N	P	E	P	U	O	T	E	I	A	E	R	E	R	A
3	I	A	E	A	M	R	F	R	S	E	U	Q	I	P	M	Y	L	O
4	A	Y	M	V	A	E	B	I	U	O	B	U	T	A	N	I	E	R
5	L	I	E	E	P	E	K	R	F	S	S	A	M	I	D	O	N	F
6	I	C	P	L	T	N	C	N	E	E	E	I	E	R	I	O	R	C
7	B	L	P	M	A	I	E	A	T	S	P	R	A	T	A	C	A	N
8	A	I	A	T	A	R	R	I	N	E	I	E	B	A	R	Y	T	E
9	R	S	J	C	U	H	U	A	R	D	E	L	N	O	T	N	E	M
10	T	S	B	G	H	Q	C	F	L	T	I	O	I	N	V	E	M	C
11	A	E	B	I	I	A	O	A	U	I	T	R	O	E	O	I	O	L
12	G	Y	H	N	E	R	L	O	L	E	M	B	U	R	N	B	N	I
13	R	E	I	C	A	V	R	L	N	O	S	I	O	M	A	P	O	G
14	P	I	R	N	I	E	R	A	E	E	Y	I	S	I	L	N	R	N
15	R	V	T	G	D	P	C	E	D	N	E	A	R	T	E	E	T	O
16	U	I	I	N	A	I	V	E	T	E	G	N	U	E	T	N	S	T
17	N	U	L	B	I	G	O	U	D	I	S	E	I	X	A	N	A	E
18	E	S	T	A	B	L	A	R	P	E	N	T	R	V	L	I	G	R

MOT DE 6 LETTRES

Coupe

A	C	D	G	K	P	T
acajou	canoë	dancing	gazette	kippa	pardon	taraudant
ados	cantinier	derby	groie	L	planeur	tette
approprié	celui	E	H	lactescent	priser	tonal
après	chorus	écumeur	hièble	lino	R	tonner
B	clamp	entretenu	I	lister	radula	tutélaire
balourd	clercs	érodé	impondérable	N	ragoût	V
bottillon	colique	éther	indécence	nomade	razzier	vêtements
	constance	F	indépendance	O	rituel	vidéaste
	copieur	faneur	intime	ouzos	russe	W
					S	whiskey
					stol	

	1	2	3	4	5	6	7	8	9	10	11	12	13	14	15	16	17	18
1	I	N	D	E	P	E	N	D	A	N	C	E	R	C	E	R	L	E
2	M	V	A	C	R	I	C	C	S	C	R	E	L	C	A	E	I	T
3	P	E	N	L	N	E	E	O	G	E	S	L	N	O	B	N	N	S
4	O	T	C	T	A	L	H	A	L	I	R	E	I	N	O	N	O	A
5	N	E	I	E	U	C	Z	T	R	I	C	P	E	S	T	O	E	E
6	D	M	N	I	I	E	T	P	E	E	Q	N	A	T	T	T	D	D
7	E	E	G	R	T	R	C	E	D	E	T	U	O	A	I	E	O	I
8	R	N	L	T	U	O	P	N	S	R	I	E	E	N	L	T	R	V
9	A	T	E	E	P	E	I	O	E	C	D	O	H	C	L	T	E	C
10	B	S	B	I	U	P	N	T	R	A	E	I	R	E	O	E	A	T
11	L	S	E	A	A	T	E	A	M	P	E	N	R	G	N	N	F	U
12	E	U	T	R	L	N	I	O	L	B	P	A	T	W	T	O	A	T
13	R	R	D	O	U	O	N	R	L	P	Z	A	H	I	R	U	N	E
14	T	O	N	A	L	U	U	E	P	Z	L	I	N	U	O	Z	E	L
15	N	H	C	L	A	M	P	R	I	U	S	I	S	J	O	O	U	A
16	E	C	U	M	E	U	R	E	D	K	E	S	A	D	O	S	R	I
17	D	E	R	B	Y	N	R	A	E	R	E	C	K	I	P	P	A	R
18	T	U	O	G	A	R	R	Y	T	N	A	D	U	A	R	A	T	E

MOT DE 7 LETTRES

Assise

A	C	E	G	L	P	V
aconit	cailleter	éclipses	gaur	lèpre	populo	verge
agréées	carillonné	estran	gongorisme	M	R	vertu
arioso	crocher	étirage	gourmé	marié	rebot	vidéoclip
attendri	curling	F	grammaire	N	S	virologiste
B	D	fana	H	nénies	samare	voiler
boitement	décidual	fertiliser	honteux	nicodème	satanique	volley
bourgeoise	dessein	flocon	I	notoriété	spore	Z
	disperser	fumée	inquiétude	O	T	zython
	dysphasie	furibond	issue	ouvert	totalitarisme	
					tricoteur	

	1	2	3	4	5	6	7	8	9	10	11	12	13	14	15	16	17	18
1	B	O	U	R	G	E	O	I	S	E	I	N	E	N	F	T	D	I
2	E	L	A	U	D	I	C	E	D	P	O	P	U	L	O	A	I	N
3	U	V	I	R	O	L	O	G	I	S	T	E	O	B	N	G	S	Q
4	Q	N	T	R	I	C	O	T	E	U	R	C	E	A	E	R	P	U
5	I	P	I	L	C	O	E	D	I	V	O	R	F	U	M	E	E	I
6	N	T	R	E	E	S	T	R	A	N	C	R	O	C	H	E	R	E
7	A	O	E	I	S	E	G	O	N	G	O	R	I	S	M	E	S	T
8	T	T	S	S	E	S	E	A	Z	T	N	C	R	E	O	S	E	U
9	A	A	I	A	T	P	E	N	U	Y	G	I	A	E	U	I	R	D
10	S	L	L	H	I	I	B	D	N	R	T	E	C	C	L	S	R	E
11	A	I	I	P	R	L	A	O	A	O	T	H	A	O	F	I	S	A
12	T	T	T	S	A	C	U	M	I	E	L	I	O	U	D	C	O	I
13	T	A	R	Y	G	E	M	T	I	T	L	L	R	N	U	E	E	V
14	E	R	E	D	E	A	E	R	R	L	E	I	I	R	T	R	M	E
15	N	I	F	G	I	L	O	R	E	E	B	M	L	R	A	E	R	E
16	D	S	R	R	R	T	L	T	O	O	V	I	E	M	A	P	U	B
17	R	M	E	A	O	E	E	O	N	P	N	U	A	N	E	C	O	X
18	I	E	L	N	M	R	V	D	V	G	S	S	O	L	T	I	G	E

MOT DE 7 LETTRES

Monnaie française qui valait douze deniers

A
amant
ananas
appâté
arcanes
associé
astragale

B
barbelure
blazer
bossanova
brûlé

C
ceinture
centon
chalouper
cheval
côlon
compte
crème

D
dégrèvement
dépaver
durian

E
enfer
espion
étal
étape

F
flageller

G
girasol

H
havenet
histoire

I
influâtes
ipéca

M
maroquin
minas
mitan
moins

N
nudisme

O
outils
ovni

P
paletot
parler
pesse
petite
pompon
ponctuelle
préfet

R
rameur
rémanence
repeinte

S
sans
séismo

T
tanrec
taraud
tard
tramer

V
vénus
viles

	1	2	3	4	5	6	7	8	9	10	11	12	13	14	15	16	17	18
1	R	N	A	I	R	U	D	T	R	A	M	E	R	N	C	D	E	O
2	E	U	A	S	S	O	C	I	E	O	H	C	T	E	A	T	U	R
3	V	N	E	M	A	U	Z	R	I	A	O	I	N	P	A	T	E	A
4	A	I	F	M	A	N	N	N	E	L	S	T	S	P	M	L	I	E
5	P	R	L	E	A	N	S	E	O	M	O	T	P	T	L	O	S	M
6	E	E	T	E	R	R	T	N	V	N	E	A	R	E	O	S	C	I
7	D	M	C	A	S	B	R	E	Z	A	L	B	G	A	E	I	N	P
8	C	A	H	V	N	A	T	O	T	E	L	A	P	P	G	F	R	R
9	E	N	A	O	A	R	O	U	T	I	L	S	S	G	L	A	E	E
10	I	E	L	N	R	B	E	V	I	F	E	A	I	U	T	E	L	F
11	N	N	O	A	C	E	T	C	N	I	N	R	A	A	E	T	R	E
12	T	C	U	S	A	L	A	E	S	I	A	T	E	C	N	N	A	T
13	U	E	P	S	N	U	L	M	M	S	E	P	T	E	E	I	P	P
14	R	S	E	O	E	R	O	A	O	S	A	B	A	P	V	E	O	E
15	E	P	R	B	S	E	N	L	V	T	I	N	R	I	A	P	M	T
16	N	I	U	Q	O	R	A	M	E	E	A	D	A	U	H	E	P	I
17	P	O	N	C	T	U	E	L	L	E	H	R	U	N	L	R	O	T
18	T	N	E	M	E	V	E	R	G	E	D	C	D	N	A	E	N	E

MOT DE 4 LETTRES

Ourlet

A	B	D	F	H	N	S
aboulie	baigné	débraillé	filaire	hédonisme	nafé	salade
aciérage	baronnet	doucine	fléau	I	O	senne
adorable	biset	E	fluent	ibérien	ordure	stabiliser
albâtre	blackbass	élongé	froc	images	ossue	T
amodié	boucle	enter	G	L	P	têtue
anesthésie	C	entraîner	gain	largement	peausserie	thyade
anomie	captatif		germer	limite	piéton	toréador
apuré	cardan		grogne	M	productif	V
astasie	cartésien		grondé	mécano	R	vérité
atout	continuer				roncier	
					rouf	

	1	2	3	4	5	6	7	8	9	10	11	12	13	14	15	16	17	18
1	F	I	T	A	T	P	A	C	U	E	A	T	E	T	I	R	E	V
2	T	E	N	N	O	R	A	B	A	N	M	E	S	E	G	A	M	I
3	G	T	I	A	A	E	O	O	E	G	O	S	E	D	A	Y	H	T
4	E	I	C	R	N	B	N	U	L	I	D	I	E	L	O	N	G	E
5	R	M	R	A	E	E	O	G	F	A	I	B	E	E	R	E	A	E
6	M	I	S	U	R	S	S	U	O	B	E	L	S	I	D	L	I	L
7	E	L	S	I	E	T	S	T	L	R	L	I	A	M	U	C	N	B
8	R	S	A	N	N	C	E	U	H	I	G	B	L	O	R	U	C	A
9	O	E	T	R	A	O	F	S	A	E	E	E	A	N	E	O	O	R
10	P	E	I	R	G	I	D	R	I	E	S	R	D	A	N	B	N	O
11	R	I	D	C	L	E	B	E	A	E	P	I	E	C	I	E	T	D
12	D	A	E	A	N	E	M	C	H	A	N	E	E	E	A	U	I	A
13	N	O	I	T	D	O	I	E	S	E	N	N	E	M	R	T	N	E
14	A	R	U	N	O	E	R	T	N	E	R	U	P	A	T	E	U	R
15	E	T	O	C	R	N	A	E	R	T	A	B	L	A	N	T	E	O
16	L	R	O	A	I	S	S	T	A	B	I	L	I	S	E	R	R	T
17	G	R	G	U	I	N	A	F	E	B	L	A	C	K	B	A	S	S
18	F	E	E	E	T	N	E	U	L	F	I	T	C	U	D	O	R	P

MOT DE 4 LETTRES

Fond

A	C	E	I	O	romanche	T
agréé	cagée	écher	imine	octroyé	rustine	tarot
airé	charme	écoute	inexercé	P	S	tasser
alerte	couture	épingle	iota	pédant	sculpter	trottin
alternés	crayeux	éraillé	L	pincée	seconde	U
anémiée	D	esse	label	plâtrer	sensas	ursidé
aniser	défunt	F	M	R	sitar	V
antigel	délimiter	format	matamore	rabouter	sodium	veiner
B	denté	frette	minci	réaléser	soudeur	volve
boutre	dépiter	G	moutonnant	rédiger		
	dîner	garde	N	rejetons		
		gascon	noyé	ressui		

	1	2	3	4	5	6	7	8	9	10	11	12	13	14	15	16	17	18
1	R	A	I	R	E	M	X	P	L	A	T	R	E	R	E	E	E	E
2	L	E	N	I	T	S	U	R	F	R	E	T	T	E	M	E	E	N
3	I	E	S	I	O	B	E	I	U	R	S	I	D	E	R	I	R	I
4	O	N	G	S	S	T	Y	E	D	N	O	C	E	S	A	M	G	M
5	E	A	E	I	A	E	A	T	R	O	M	A	N	C	H	E	A	I
6	E	E	L	X	T	T	R	U	G	A	S	C	O	N	C	N	P	R
7	D	T	G	E	E	N	C	O	O	C	T	R	O	Y	E	A	E	E
8	R	O	N	A	R	R	A	C	R	E	T	I	M	I	L	E	D	S
9	A	R	I	U	C	T	C	E	S	C	U	L	P	T	E	R	A	S
10	G	A	P	I	N	C	E	E	E	R	T	U	O	B	T	S	N	U
11	S	T	E	M	O	U	T	O	N	N	A	N	T	R	N	T	T	I
12	E	R	O	M	A	T	A	M	R	O	F	E	E	E	E	R	S	R
13	N	R	A	B	O	U	T	E	R	D	R	G	S	R	D	O	E	R
14	R	E	S	E	L	A	E	R	E	A	I	V	E	R	U	T	A	N
15	E	R	U	T	U	O	C	F	I	D	O	N	E	D	I	T	E	O
16	T	M	I	N	C	I	U	L	E	L	I	H	E	P	I	I	S	Y
17	L	A	B	E	L	N	L	R	V	D	C	U	E	S	T	N	S	E
18	A	S	N	O	T	E	J	E	R	E	R	D	V	E	I	N	E	R

SOLUTIONS

SOLUTIONS

SOLUTIONS

SOLUTIONS

SOLUTIONS

SOLUTIONS

Jeu 89
ANGELOT

Jeu 90
BARATTE

Jeu 91
GRATIN

Jeu 92
LAPIS

Jeu 93
PELTE

Jeu 94
LUTHIER

Jeu 95
ALMANDINS

Jeu 96
ÉBRANCHOIR

Jeu 97
SERF

Jeu 98
TAON

Jeu 99
SÉLÈNE

Jeu 100
AFFECTER

Jeu 101
HINDI

Jeu 102
CONGRE

Jeu 103
HAÏR

Jeu 104
CAPTÉ

Jeu 105
FRIPÉ

Jeu 106
SOLDAT

Jeu 107
BRICK

Jeu 108
LIMBES

Jeu 109
ALÉRIONS

Jeu 110
PONT

SOLUTIONS

SOLUTIONS